法学理论与实践问题研究

郭晓岚　著

汕头大学出版社

图书在版编目（CIP）数据

法学理论与实践问题研究 / 郭晓岚著. -- 汕头：
汕头大学出版社, 2019.7
ISBN 978-7-5658-3597-1

Ⅰ. ①法… Ⅱ. ①郭… Ⅲ. ①法学－研究 Ⅳ.
①D90

中国版本图书馆 CIP 数据核字(2018)第 092196 号

法学理论与实践问题研究
FAXUE LILUN YU SHIJIAN WENTI YANJIU

著　　者：郭晓岚
责任编辑：汪小珍
责任技编：黄东生
封面设计：瑞天书刊
出版发行：汕头大学出版社
　　　　　广东省汕头市大学路 243 号汕头大学校园内　邮政编码：515063
电　　话：0754-82904613
印　　刷：北京市天河印刷厂
开　　本：710mm×1000 mm　1/16
印　　张：7.5
字　　数：140 千字
版　　次：2019 年 7 月第 1 版
印　　次：2019 年 7 月第 1 次印刷
定　　价：38.00 元
ISBN 978-7-5658-3597-1

前　言

　　人文教育知识体系的组成大致可以分为五个部分，即哲学智慧与批判思维、科学进步与实证精神、文学经典与文化传承、审美体验与艺术创造、文明对话与世界视野。法学知识属于文明对话范畴的一个分支领域。当今世界存在着三大类型的法律文明体系，这些法律文明体系具有迥然不同的特征。对于这些法律传统的差别和共性的认识，是人们认识世界、了解不同人类生活方式不可或缺的知识。法学知识对于青年学子扩大视野，了解不同文明背景的社会运行机制，具有不可替代的作用。

　　法律作为人类社会的一种重要的控制手段，在不同的文明背景下，形成了不同的法律表现形式，由此产生了不同的法律运行机制，担负推动法律发展的社会角色也各不相同，人们的法律的价值观念也存在着差别。在每一种法律文明形态中还有一些具体的法律制度是其特有的。但是众多的差异性没有改变法律作为一种社会控制手段要实现的社会公平、正义的目标。不同的社会在自由、平等、安全、效率和秩序之间的具体要求可能会存在差别，但是人类通过法律手段保护人的生命和财产以及社会秩序稳定方面的要求在根本意义上是相同的，这就为人们从人类自身的需要出发，了解不同文明对于各种不同类型社会冲突的法律解决方法提供了基础。

目　录

第一章 法的概念与要素

第一节 法和法律的词义

在西方语境中，法和法律分别由两个不同的单词来表述。在拉丁文中，分别是 ius 和 lex，在法文中是 droit 和 loi，在意大利文中是 diritto 和 lege，在西班牙文中是 derecho 和 ley，在德文中是 recht 和 gesetz。在西方法律用语中之所以将法和法律区别开来，源自罗马法最初形成的传统。

在古代罗马社会中，法是从古代社会生活习惯演变过来的。古代社会生活中的习惯最初体现为神法（fas），是由祭司阶层掌握和解释的，在由习惯向习惯法的转变过程中，神法（fas）转变成为人法（ius），神法和人法之间的区分，反映了早期社会宗教和法的区分。不过，神法和人法两个领域并不是截然分开的，人法带有各种各样的宗教特点，而且最初人法也主要是由祭司阶层来解释的。相对于自然形成的法，在古代罗马社会中法律（lex）主要是由人所制定和颁布的行为规范。特别是在《十二表法》产生以后，由于城邦对法的渗透，因而产生了由人所制定的规范。"在罗马共同体的公共法律（lex publica populi Romani）中出现的这种发展体现着在统一的民主制度中的融合，它使统治主体和被统治主体合二为一，并且把法律定义为由共同体制定和颁布的规范（quod populus iubet atque constituit）。"在罗马共和时期，法律最初的内容主要是涉及城邦国家的结构以及治理，在随后的发展过程中逐渐渗透到罗马市民的生活领域中。法和法律的最初产生机制，决定了法是法律的前提条件，法律应该尽可能地反映法所包含的价值理念。对于法和法律的关系，古罗马法学家西塞罗曾经说到："如果某项规则不应当被确认法，确认该规则的法律是无效的（si quidius non esset rogarier ， eius ea lege nihilum

1

rogatum）"。在后来罗马法学家著作中，法律被认为是不完善的法，应该尽可能地保持与法（ius）的一致。也就是说，由国家所制定的法律以"法（ius）"为前提条件。而法的形成和发展主要是由法学家所掌握的。

在西方法律的发展过程中，法的含义中包含着公平、正义以及权利的因素，反映着一定社会的永恒的正义原则和伦理道德标准。法律主要是由国家制定的具体行为规则，相比较法而言，法律具有确定性、可操作性的特点。

在中国古代汉语中，法的含义是与中国古代法的产生背景相联系的，其古代用字"灋"包含三层含义：首先，法与刑是相通的，法的内容主要是有关犯罪行为的规定；其次法反映了中国古代社会的公平观念；最后，法反映古代中国的神明裁判的传统。秦代商鞅变法运动中，改"法"为"律"，强调的是法律作为人们行为规范的普遍性。在中国古代，法和律的含义是一致的。

第二节　法的定义方法与法的基本特征

在当今世界三大法系中，各有不同的法的形成和发展历程，也形成了不同的法的表现形态。法的运行和发展的社会代表阶层也各不相同。在不同的法律文化背景下，对于法的理解存在着重大的差别。在法学上，对于法的含义进行定义，可以从不同角度进行。

第一种方法是从法的来源进行定义，着重说明法产生的基础。在人类社会历史发展过程中，对社会现象的认识经历了三个发展阶段，即神学阶段、形而上学阶段和实证主义阶段。在神学阶段，人类社会现象主要靠神灵来解释，这是人类社会发展的初级阶段，也是人类社会发展不可逾越的阶段。在形而上学阶段，人类主要采取抽象的方法从世界的本质和最后的原因来解释人类社会现象。在形而上学阶段认识中，包含着大量臆想的因素，因此可能不符合人类社会的真实状况。人类社会发展到实证主义阶段，认识才真正实现了主客观的统一，主要从现实中寻找社会现象的起因。法学领域对法的定义也经历了相应的发展过程。首先是神意论，即认为法是神的意志的体现，是神为人类制定的行为规则。人类社会最初的知识都起源于神话，在最初的法学中法都是源自神的意志。法作为神的意志的体现，其权威性不容置疑，它本身就是公平和正义的独断论。法学家的使命就是揭示法中神的真实意图。其次是形而上学的理性论，认为法是人的理性认识的结果，是人们将理性认识世界和人类社会的结果作为制定人类行为规则的依据。理性主义认为世界固有的秩序是人类理性可以认知的，人类在认知了世界内在秩序的基础上，创造出人类行为的规则，就可以实现社会生活的一种公平和正义的状态。在启蒙运动中产生的古典自然法理论是理性论的典型代表。再次是实证主义的意志论，认为法是国家意志的体现，是国家机关制定的人类行为的规则。在现代社会，人们认识到社会秩序的形成是各种不同阶层斗争和妥协的结果。国家机关创制法律的时候，占据着统治地位的阶层总是以本阶层根本利益为基础，综合社会各种意见而形成国家意志，并将这种意志表现为人的行为规则。最后是权力论，认为法是国家强制力的派生物。"法在任何一个社会中——原始的或文明的，真正必须具备的基本条件，是由一个社会的权威机构合法地行使人身的强制。法律是有牙齿的，需要时它能咬人。虽然这些牙齿不一定必须暴露在外。"

第二种方法是从法的作用出发，着重从确定法的工具性价值角度进行定义。在人类社会的最初的行为规则体系中，包含了道德、习惯、宗教和法律。在这些调整人的行为规则体系中，法律是在解决人类社会的纠纷过程中产生的，集中反映了一定社会的价值观念。在这类方法中，最先出现的定义是正义论，认为法是实现社会正义的工具。亚里士多德曾经说过："要使事物合于正义，须有毫无偏私的权衡，法恰恰是这样的一个中道的权衡。"古代罗马也将法视为实现社会正义的"善良公正之术"。在近代社会，随着西方学术界在法学领域提倡价值中立的观点，所以法也被一些学者从实现社会正义工具演变成为进行社会控制的手段。美国法学家庞德认为："在近代世界，法律成了社会控制的主要手段。在当前的社会中，我们主要依靠的是政治组织社会的强力。我们力图通过有秩序地和系统地使用强力来调整关系和安排行为。"

第三种法的定义方法是从法的表现形式角度揭示法到底是什么，在这种方法中最有代表性的是规则说。现代西方实证主义法学把法明确为由国家机关强制力所保障的、人们必须遵守的特殊规则。其次是命令说，认为法律是国家颁布的命令。还有一种就是判例说，由于在英美法系法主要由法官创造的判例来表现，因此在英美法学中，法就是法院的判决中所包含的东西。

法定义的多元化，实际上反映了法具有多重的属性。首先，法是一种调整人行为的规范。法律是通过调整人的行为来调整社会关系的，也就是说，法律不调整思想意识。行为关系是一种通过人的外部行为而发生的社会关系，通过人的行为调整社会关系是法律调整手段区别于道德和政治调整手段的标志。道德关系主要是通过思想意识的控制调整社会关系的。法律作为一种调整人的行为的手段，具有规范性特征。法律作为一种行为规范，其内容具有概括性特征，可以反复使用，而不是针对具体的人或事。在法律规范中包含着特定的逻辑构成，即行为条件、假设条件以及行为法律后果。这种严密的法律逻辑结构是法律区别于其他社会规范的显著标志。

其次，法律是以权利和义务为调整机制的规范。在法律规范中确定的行为模式包括授权禁止和命令的形式，其内容都是为了在法律关系主体之间进行权利和义务的分配。法律通过明确的、可预测的权利和义务的分配，告诉人们应该如何行为、禁止如何行为以及必须如何行为。人们也通过法律预知自己行为将产生怎样的后果。法律通过权利和义务的分配利益，影响人们行为的倾向，进而调整社会关系。权利和义务的利导性，促使人们从自身利益的综合考虑角度，对自己的行为做出选择。在其他的社会规范之中，例如道德、宗教，只提倡人们对于社会的责任和义务，人们在这些社会规范之中没有选择的余地，也就没有利益导向的作用。而法律通过权利和义务的双向规定，为人们提供了行为选择的空间。法律规范的利导性特征在商品经济活动中的作用尤其重要。

再次，法的产生具有国家权力的属性。任何行为规范的生效都需要有正当性基础。法律规范的效力源自它是国家权力机关的创造和认可。法的产生有三种方式，即制定、认可和解释三种主要方式。制定，是国家立法机关通过立法活动产生新的规范。认可，是国家立法机关赋予一些已经存在的行为规则以法律效力，国家机关认可的规则主要是两大类型，一是社会生活中已经存在的习惯、道德和宗教规范，另一种是国际上的条约。国家通过承认国际法有关的条约而使这些条约成为国内法的组成部分。法律解释，是国家机关依照法定的程序和法定权限，根据一定标准和原则对已有的法律进行解释，以便消除人们对法律理解和适用过程中可能产生的误解，也可以是将法律适用于新的情况，而这些情况是立法时候没有考虑到的。法的国家意志属性，是国家对法创造的垄断权决定的。法律是在一个国家的管辖范围内普遍适用的规范，因此法律需要具有最高的权威性。这种权威性只有通过国家意志的属性才能体现出来。

再次，法律规范反映了一定社会时期的公平正义观念。法律是由人创造出来的，反映一定社会人们的意志，体现着一定社会人们对于公平正义的价值理念。法的意志性并不是说法律是人们任意创造的产物，法律要能够对社会生活起到有效的调整作用，就必须符合一定社会物质生活条件下所产生的公平正义的价值观念。一定社会的公平正义观念总是与该社会物质生活条件和相应的社会生产方式相联系的。在存在阶级划分的社会里，法反映的社会公平正义观念是一个复杂的过程。阶级社会里的公平正义观念本身与统治阶级的根本利益并不会有重大的冲突，统治阶级只有遵循该社会的公平正义观念才能够有效地进行社会治理。被统治阶级认可的公平正义观念，在统治阶级认为有利于其统治的时候，也会吸收到法律规定之中，这样做的好处是很好地化解了社会矛盾。对于涉及统治阶级根本利益的价值观念，统治阶级也会采取某种包装方式，将其说成是整个社会的公平正义观念。不过，法律区别于政治的一个重要特征，就在于法律反映的是一个社会较长时期的价值理念，因而更有可能与一个社会的普遍性、公平、正义观念保持一致。

法律作为社会控制手段，必须对各种社会利益进行分配，协调各种社会关系。在平衡和协调各种社会利益的过程中，法律必须反映一定社会的公平、公正和合理的观念。否则，过于强调某个社会阶层的意志和利益的法律，完全无视其他社会阶层合理的利益，那么这种法律虽然也是法但是它是"恶法"，缺少了法本质性的特征。第二次世界大战结束以后在纽伦堡对纳粹战犯审判过程中，通过对纳粹德国法律的反思，人们深刻地认识到，法律必须体现一个社会普适性的伦理道德观念，否则就会对人类社会造成灾难性后果。

最后，法的实施具有国家强制力的保障。国家强制力指的是由军队、警察、法庭和监狱等国家组织保证的力量。法律的实施由国家强制力的保证是法律区别于其他社会规范的一种重要标志。道德规范的实施主要靠社会舆论的强制，宗教规范的实施靠的是宗教组织对其成员的组织强制力。只有法律的实施依靠的是国家强制力的保障。国家强制力的保障可以确保法律实施的统一性、普遍性和权威性。如果说法是理与力的有机结合，那么国家强制力就是确保法律在人们意识中"力"的因素。不过，法的这种强制力不能过于渲染，如果"力"的因素超过了法自身具有的公平、正义、科学理性等"理"的因素，法的实施就会成为专制蛮横的暴行。保证法的实施的强制力是一种潜在的强制力，只有在出现违法的行为情况下，国家强制力才显现出来。正如美国法人类学家霍贝尔说到："法律是有牙齿的，需要时它能咬人。虽然这些牙齿不一定必须暴露在外。"在人们遵守法律规则行为的时候，国家强制力是以一种间接的方式存在的。国家强制力的行使也有法律程序上的严格规定，对于法律上强制措施的适用范围以及具体实施程序都有明确的规定。另外，法的实施也不完全依赖国家强制力的作用，道德、经济、宗教和文化对于法的实施起着重要的辅助作用。

法的特征所表现出来的多重性，使得人们对于法的定义必须采取一种全面客观的态度去审视法律学术史上各种不同的定义。这些定义的存在都有其现实的基础，但又都是根据各自的需要揭示了法在某一个方面的特征。美国学者博登海默恰当地评述了不同学术观点的局限性："法是一间有着许多大厅、房间、凹角和脊角的大厦，一盏探照灯要同时照亮每个地方是极为困难的。当照明系统由于技术知识和经验的限制而不充分或至少是不完全时，这一点就更为明显……这些哲学形式的最大意义在于它们在法学总的大厦中是有价值的建筑基石，即使这些理论中的每一个都只代表了一部分的和有限的真理。当我们的知识系统增加的时候，我们必须试图建设一个利用所有一切过去成果的综合法学，即使最终我们可能发现，我们法律制度的图画在它的总体上肯定还是不完全的。"综合各种不同法的定义，可以使我们认识到全方位法的特征，以免片面理解法的定义而导致法的创制、实施过程中产生重大偏差，这在中外法律发展史上都是有历史教训的。

第三节　法的构成要素学说

　　社会生活中存在的法都是以相对完善的体系承担着调节社会关系的功能。在这个体系中，存在着不计其数的要素，它们通过错综复杂的机制联系起来。要想认识法的创造和运行过程，就必须了解法的体系的构成要素。如同在生物学上，通过细胞学说揭示了生物界众多的秘密，现代法学界也努力寻找法体系的"细胞"。

　　法学史上最早对法的要素进行分析的是英国法学家奥斯丁。他提出了"命令模式论"，在这种理论中，法是一个国家主权者的命令。在命令中国家主权者向它的民众提出了应该如何行为的希望或指示，要求他们依照命令中规定的内容作为或者不作为。对于违反主权者命令的人，将会招致主权者各种形式的制裁。在奥斯丁的学说中，命令、义务和制裁是法的体系中具有内在联系的东西，也就是他所认为法的基本组成要素。其中，命令是最基本的组成要素。

　　"命令规则"模式对于法律要素的分析过于简单和片面，因为把所有的法律规则都归纳到以制裁为后盾的命令，无法解释法律中还有众多的授予权利的规则。为此，英国法学家哈特提出了"规则模式论"。在这种理论中，哈特认为法律体系是由第一性规则和第二性规则所组成的。第一性规则是设定义务的规则，也就是规定人们应该为一定行为或不为一定行为。第二性规则是授予权利（或权力）的规则。这种规则是规定人们怎样形成、修改或取消第一性规则，或者确定第一性规则的适用范围。在一个社会中如果只有第一性规则，那么这个社会就还处于一种"前法律世界"，也就是说法律与习惯及道德没有严格地区分开来。在这样的社会中，通过法律进行社会控制的手段具有不确定性和法律内容的静止不变的特征，法律的社会控制效果也不是十分有效的。第二性规则中包含着确认规则、改变规则和审判规则。确认规则规定了义务规则在什么条件下才能具有法律效力，它消除了义务规则的不确定性；改变规则授予某些人或组织在何种条件下，根据现实的需要改变第一性规则或者制定新的第一性规则，从而消除了第一性规则的静止不变的特性，适应了法律发展的需要；审判规则授予国家机关对于人们是否违反第一性规则做出权威性裁决，并确认对违法行为使用何种法律制裁。通过第一性规则和第二性规则的有机结合，一个社会的法律规则体系对社会关系进行了有效的控制。由义务规则、确认规则、改变规则以及审判规则组成的法律制度，成为理解法的要素的关键。

在美国，人们主要是从司法审判实践的角度来理解法的组成要素。在美国司法实践中，法律被理解为做出司法裁决或行政决定的权威性文献。美国法学家庞德将法律看成是由律令、技术和理想三种要素组成的。在"律令—技术—理想"模式中，各种要素对司法审判起着不同的作用。在律令之中，包括规则、原则、概念和标准。其中，规则是律令中最主要的组成部分。律令部分是司法和行政活动进行的前提条件。技术因素是解释和适用法律规则、法律概念的方法。在英美法系中，法律很多都是体现在判例之中的，对于司法适用的法律规则和法律概念，需要法官运用法律推理技术从先例中概括、总结出来，在遵循先例的前提条件下，法官可以根据具体情况对先例中包含的法律规则和法律概念做出个人的解释。法官的个性化认识结果是实际案件的审判所适用的法律依据。法律解释方法赋予了法官在适用法律的时候具有一定的自由裁量权，而这种裁量权的使用必须接受法律理想的引导。"法律理想"是一定社会历史条件下的价值目标。法律的适用结果必须是和一定社会民众的理想追求相一致的。在庞德的学说中，不赞成将法的要素简单地归结为律令，而主张将律令、技术和理想作为法的组成要素。

当代美国法学家德沃金对"规则模式论"和"律令—技术—理想模式论"都进行了批判。他认为"规则模式论"过于简单，与法律实践的复杂性不相符合，没有体现出司法实践中大量存在的非规则成分。在司法实践中，由于法官具有自由裁量权，需要对案件做出符合社会公平正义观念的裁决，就需要参考众多的法律原则和法律政策。在"律令—技术—理想"模式中，法律的要素成分又过于复杂，没有体现出法的要素作为组成法律体系的基本单元的含义。在综合分析两者的优、缺点基础上，德沃金提出了"规则—原则—政策"模式。原则是一定社会理想目标的规则化，它使得理想对法官的引导具有了明确的方向。政策是国家在特定历史条件下制定的灵活对策，弥补了法律规则和原则不周全的规定。在一般情况下，司法活动依靠规则和原则就可以做出裁决，但是疑难案件中，法官就需要从规则的有限含义中解脱出来，根据原则和政策做出合理的裁决。

　　不同的法学理论对于法的要素认识存在着很大的差别。原因是多方面的，有法学理论中存在着制定法理论和司法理论的区别，也有法律认识发展水平的差别。但是各种理论都很好地解释了法律形成和使用过程中，法律体系中起关键作用的各种要素。从中国法学理论主要是制定法理论的前提出发，我们将法的要素确定为法律规则、法律原则和法律概念。

第四节　法律规则

在法的基本构成要素中，法律规则是法律体系中最基本的要素，相当于生物学中细胞的地位。

法律规则是关于人行为的规定，是赋予某种事实状态确定的法律效力，在具备某种条件的情况下，会在特定的法律关系主体之间引起某种权利与义务的产生、变化或消灭。现实生活中每天发生的事件、每个人所采取的行为，在不同领域的专业人士看来，所引起的反应是各不相同的。婴儿的出生，在父母看来是子女的自然降生，一种亲情关系由此建立起来，医生则是完成了自己的职责所要求的行为。在法学家看来，婴儿降生是根据相关的法律规则产生了一系列法律关系：婴儿与父母形成的亲属关系以及由此产生的抚养关系和监护关系，婴儿出生获得的人身关系以及基于继承权而获得的财产权，等等。法律规则就是对各种事件和行为而引起的法律后果的明确界定。

法律规则的内容具有抽象性的特点，也就是说，法律规则针对的是某种事实状态下所引起的法律后果的抽象规定，而不是针对具体人和具体事件做出的规定。法律规则的抽象性决定了法律规则可以反复适用，而不是只能使用一次的具体性法律文件。国家机关针对具体人做出的具体法律适用的决定，是法律规则适用的结果。

一、法律规则的逻辑结构

法律规则区别于习惯规则、道德规则和宗教规则的一个主要特征，就是它具有严密的逻辑结构。在法律规则的逻辑结构中，完整地规定了法律规则是由哪些部分组成，它们如何组合在一起共同对所需要界定的事实状态进行全面的认定。学术界一般将法律规则的组成分为假定、处理和结果三个组成部分。

假定部分是法律规则中关于该规则适用条件的规定。任何法律规则都有一定的适用范围，这个范围就是法律规则的适用条件。超越了这种适用范围的情况，就不是该法律规则所能解决的，而需要通过其他的手段来处理。例如，在前面提到的"夫妻有相互继承遗产的权利"，该规则中假定部分就是丈夫去世并且留有合法的遗产，双方之间存在着具有法律效力的婚姻关系。假定部分使得法律规则的适用条件清晰而明确，它规定了承担义务和享受权利的时间条件、地点条件、身份条件和事实条件。

处理部分是法律规则中行为模式部分的规定，是法律规则中规定的人们可以做什么、禁止做什么以及必须做什么，也就是通常所说的法律规则中在当事人之间所分配的权利与义务。在法律规则中，处理部分经常表述为"有权""有……自由""应当""禁止""必须"等。

后果部分是法律规则对于人们遵守或违反规则中行为模式中的规定而导致的后果。后果部分包括肯定和否定两种后果，这主要是视行为人是遵守还是违反法律规则而区分的。肯定性法律后果是对于行为人有利的法律后果，也就是对行为产生的利益确认其合法性而予以保护。否定性法律后果就是对行为所产生的利益和状态予以否定，对行为人施加法律上的制裁。

二、法律规则的分类

法律体系中错综复杂的法律规则，可以根据不同的标准进行划分。不同类型的法律规则有利于人们认识法律规则的不同性质以及作用方式。

1.根据法律规则的内容是授予权利还是设定义务，可以区分为权利规则、义务规则和复合规则。权利规则就是规定人们可以为一定行为或不为一定行为的自由。根据权利规则，人们可以通过行使权利来获取自己正当的利益，当然，人们可有放弃这种权利的自由。义务性规则是规定人们必须为一定行为、禁止为一定行为的规则。在义务规则中，行为人没有选择的自由，只有通过遵守法律上的规定以满足权利人的利益。义务规则又可以进一步区分为命令性规则和禁止性规则，前者是义务人要通过积极的行为满足权利人的权利的实现，而后者是义务人只需要采取消极的不作为就可以满足权利人的权利的实现。复合性规则是兼具权利性规则和义务性规则的属性的法律规则，也就是说，这种规则的内容从不同角度看，性质上是不一样的。在一种角度看，是授予权利，而换一个角度就是设定义务。最为典型的就是关于国家机关职责的法律规则，对于授予该国家机关的职权的上级国家权力机关来讲，该项法律规则对于承当该国家职责的机关是一种义务，而对于国家机关管理的对象来讲，就是一种权力。另外，关于公民教育权的法律规则，也是一种典型的复合性法律规则。

2.根据法律规则的内容是否完全确定下来，可以区分为确定性规则、委任性规则以及援引性规则。确定性规则是法律规则的内容已经完全确定下来，无须参考其他法律文件的内容。委任性规则的内容是法律规则的内容需要立法机关授权某一个机构制定具体的细则来进一步明确。例如，《中华人民共和国公司法》颁布以后，就授权国家工商总局制定公司登记有关的实施细则。有关公司登记的法律规定就需要结合公司法和公司登记细则才能完全确定下来。援引性规则是指法律规则的内容需要援引其他法律的有关规定才能确定下来。例如，我国刑法中有关走私罪的规定，就是需要参考海关总署关于进出口的有关法律规定才能确定下来。

3.根据法律规则的内容是否允许当事人进行变更，可以区分为任意性规则和强制性规则。任意性规则是当事人对于法律上权利与义务的规定，可以根据相互协议或单方面的决定而加以变更的规定。在合同法中，有关合同双方的权利和义务都是可以通过协商而加以变更的。强制性规则是指法律规则中权利与义务的规定不允许当事人以任何形式加以变更的规定。义务规则和复合规则都是典型的强制性规则。

4.根据法律规则适用的法律制裁的类型，可以区分为刑事制裁、民事制裁和行政制裁三种类型。刑事制裁是刑事法律规定的对于犯罪行为适用的法律规则。刑事法律制裁是对人的自由或生命所施加的一种法律制裁，它是法律制裁中最严厉的一种。我国刑事法律制裁有管制、拘役、有期徒刑、无期徒刑、死刑、罚金、剥夺政治权利、没收财产。民事制裁是违反民事法律中规定的义务而要承受的法律制裁。民事制裁的目的在于使当事人受到侵害的利益得到补偿。我国民事制裁主要有停止侵害、排除妨碍、消除危险、返还财产、恢复原状、修理、重做、更换、赔偿损失、消除影响、恢复名誉、赔礼道歉。行政制裁主要是违反了国家行政管理活动中规定的义务所施加的法律制裁。这种法律制裁的目的主要是维护国家行政管理的秩序正常运行。行政制裁分为两种情况，一种是对行政机关行政管理活动的对象的违法行为的制裁，也就是对公民、法人违反行政法律所施加的制裁，主要有警告、罚款、拘留、强制教育；另一种是对行政机关内工作人员失职或渎职行为的制裁，主要有警告、记过、记大过、降级、撤职、开除等。

　　法律是一个具有内在联系的体系，这个体系主要表现为一个规则体系，法律规则是这个体系的最基本的组成单元。法律规则通过各个环节联系起来，共同完成了对社会中各种类型的社会关系全面和细致的调整。

第五节　法律概念

一、法律概念概述

法律概念是法学中对各种现象进行概括，抽象出现象之中的共同特征而形成的一些思维工具。法律概念在法学中大量形成始于中世纪大学法学教育中唯名论的贡献。古代罗马法学中，对法律现象的定义主要是一种描述性的，也就是侧重于法律现象的某一个方面特征。在古希腊哲学中也承认自然界存在着共相，例如正义、美和三角形的概念，但这些共相总是和一定实体联系在一起的，共相被认为是实体事物的不完全的反映。这些含义相对固定的法律概念保证了人们在法律领域思维工具的一致性。

法律概念是法律在自身发展过程中形成的，它们总是与法律解决实际问题相联系，因此在法律上的含义往往与日常用语含义存在着差别。例如，"善意"在民事法律中就是"不知道，不知情"的意思。更多的情况下，法律概念是在法律领域创造出来的特殊用语，非法律专业人士无从知悉其内涵，例如，留置、质权、法人，等等。

二、法律概念分类

法律概念根据其在法律体系中所涉及的因素大致可以划分为五种类型。

1.主体概念，是表示各种法律关系中享有权利和承担义务的人或组织的概念。法律领域中主体概念包括三种具体类型。第一种类型是自然人，是具有法律人格的有生命的人，包括公民、外国人和无国籍人。罗马法将人分为生物学上的人（homo）和法律上的人（persona），区别就在于法律上的人是具有人格权的生物学上的人，而没有人格权的生物学上的人，在法律上称为物（res）。奴隶就是没有人格权的人，所以在法律上不被看成是人。法律上的人必须是具有独立生命的，胎儿就不被认为是法律上的人。在中国，个体工商户和农村个体承包经营户也是以类似自然人的身份进行各种活动的。第二种类型是法人，法律上赋予社会团体以法律上的人格，使得社会团体能够像自然人一样享有权利和承担义务。法人能够拥有自己的名称、独立的财产权以及订立契约的能力。法人能够像自然人那样享受权利、承担义务并参加法律诉讼。法人的人格权是法律上拟制出来的，所以法人又称为拟制的人。法人包括公益法人、财团法人和营利法人三种基本类型。公益法人是以某种公共利益为目的而设立的，承担着国家的具体管理职责。财团法人是为了实现某种目的而汇集起来的财产设立的法人。财团法人是没有组成成员的，它的财产是委托他人来经营并实现设立该财团法人的目的。营利法人是为了营利而设立的法人，它是出资人出资并参与管理而成立的一种法人组织。第三种类型是国家和类似国家的国际组织。在国际法律关系中，国家是法律关系的主要组织，独立地承担国际义务并享受国际法上的权利。类似国家的国家组织在部分国际关系中享有国家的地位。

2.客体概念，是法律主体享受的权利和承担的义务所共同指向的对象。法律客体作为人们权利与义务共同指向的对象，必须具备两个条件。首先必须是对人具有价值的东西，而且是人们付出代价才能获取的东西，其次就是法律客体必须是人们能够控制的。只有人们能够控制和支配的东西才能为人们所利用，也才能具有现实价值。法律客体根据其表现形态，可以大致分为四种类型。第一种类型是物，自然界存在的、对人类具有经济价值的、为人所能控制的一切事物，这种物是人的感官可以感知的对象。第二种类型是无形财产，是人的五官不能感知的而对人类具有经济价值的东西。无形财产包括两大类型，一类是人类智力活动的成果，也就是知识产权的客体，它是人类创造的精神财富所体现出来的经济价值，如在著作权中的作品、商标权中的商标以及专利权中的专利技术和专有技术。另一类是有价证券，它是人们拟制的一种物，代表着一定的财产，例如股票、债券、提单。第三种类型是行为，指的是义务人为了满足权利人的需要而做出的作为或不作为。第四种类型是人身利益，是与人身有关的具有经济价值的利益，主要是身份权和人格权的客体。

第六节　法律原则

法律原则是作为众多法律规则建立基础的原理。从一定意义上说，法律原则也是一项法律规则，但是该法律规则的内容不是规定具体的事实状态下权利与义务的分配状况，而是通过抽象的原理陈述，指引具体法律规则在分配权利和义务时的方向。可以说，法律原则是对某一领域法律关系中权利与义务分配的一种基本方针。

一、法律原则的作用

在现代法律制度中，法律原则占据着重要的地位，其意义主要体现在以下几个方面。

首先，法律原则决定着法律制度的性质和价值导向。法律原则是一定社会中法律精神的集中体现，因而也是各种法律制度创制的出发点。法律原则所包含的价值理念反映着该项法律制度所在时期的社会制度的基本性质。在人类社会历史上，每一次重大的社会变革完成以后的立法活动，都会将革命过程中提出的口号作为法律制度设计的基本原则，从而重新规划法律制度的具体内容。在资产阶级革命成功以后，就将私有财产神圣不可侵犯、契约自由作为民法典立法的基本原则规定下来，其针对的就是封建专制统治下对商品经济发展的限制和干涉。私有财产保护原则和契约自由的原则反映的就是资产阶级发展自由资本主义精神的需要。通过确立资本主义性质的法律原则，资产阶级为资本主义制度的建立奠定了基础。

其次，法律原则确保了法律制度的逻辑一致性。在每一项法律制度中都包含着众多的法律规则，这些法律规则所涉及的对象纷繁复杂。如何确保法律规则的性质和内容具有逻辑一致性，避免法律规则之间的矛盾冲突而影响法律制度的权威性，是立法者重点关注的问题。通过法律原则的引导，各项具体的法律规则都可以在一个共同的基本原理基础上进行协调，从而保障了法律制度的统一性。以现代婚姻法为例，婚姻制度建立的基本原则是以男女双方的自愿同意为原则。在此原则基础上，婚姻的成立婚姻存续期间夫妻双方的权利与义务以及离婚都是建立在男女双方合意的基础上，具体的法律规则在确定夫妻双方的权利与义务时，都必须基于该项原则而不允许一方当事人将自己的意志强加给另一方。婚姻法律制度的具体环节都必须体现合意的原则，在此原则指引下，现代婚姻从封建时代的买卖婚姻发展到现代契约婚姻，婚姻法律制度的内容实现了高度统一。

再次，法律原则对于法律制度的发展具有导向性作用。法律制度产生以后，必须适应时代的发展而进行改革。法律制度的变革需要在法律原则的指导下进行修订。中国在从计划经济向市场经济过渡的过程中，市场经济建立过程中确立的财产保护原则和交易的契约自由原则都是与计划经济下国家调控经济的计划原则不一致的。市场经济法律制度是社会主义法律制度发展的一次重要的变革。在这场变革过程中，从宪法到民法、刑法和行政法领域，关于国家机关活动和私人经营活动的法律规定都要在市场经济条件下进行大幅度的修订。国家对经济活动的干涉大大减少，而且国家管理经济活动的方式和手段也从直接分配社会资源变为对经济活动的宏观调控和对市场秩序的法律保护。私人的经营活动从原来只是公有制经济的有限补充变成了市场经济的主要组成部分，私营经济的财产保护以及经营活动的地位的确认，都是市场经济前提下社会主义法律制度建设的主要内容。在法律制度的这个转变过程中，大量旧的法律规则需要被废止，市场经济所需要的法律规则要重新判定，这都需要在市场经济确立的法律原则基础上进行。一个社会从计划走向市场、人治走向法治、传统走向现代，都需要在现代法律原则的引导下完成制度建设。

最后，法律原则对于司法审判具有重要的指引性作用。司法审判活动是一个将法律规则创造性地适用于具体案件的过程。在法律适用过程中，需要对法律规则适用的一些特殊情况加以解释，从而使得法律规则的适用更符合公平原则的需要。以法律上遗失物悬赏广告的性质为例，在形式上没有具体悬赏金额的悬赏广告在性质上是要约邀请，但是这样的规定不利于鼓励人们归还遗失物，而如果确定为要约，对于丢失物品的人就是一种具有强制力的意思表示。在当事人对于悬赏酬金争议不决的时候，法律确认悬赏广告是要约，从公平原则出发，便于当事人之间纠纷的解决，也有利于社会善良风俗的形成。法律解释如此，法律推理也是如此。在法律推理活动中，法律原则的指导可以确保法律推理的结果符合法律规则设立的最初目的。在法律规定存在遗漏的情出下，司法审判活动需要法官适时运用自由裁量权，在法律原则确定的法律精神基础上，对案件做出合理和公平的裁决。在法律存在遗漏的情况下，法律原则是弥补法律漏洞的不可或缺的手段。法律原则既弥补了法律空白，同时也是对法官自由裁量权适用的有效约束手段。法官自由裁量权在法律原则的约束下，可以有效地限制法官个人任意性的专断，确保自由裁量权的适用是为了满足法律原则中包含价值理念的实现。

二、法律原则的分类

法律原则可以根据其在法律理论中确立的原理所适用的范围和形成的历史渊源来进行不同的类型划分。

首先，基本原则和具体原则的划分。基本原则是适用于所有法律领域，体现了法律的最根本的价值理念的原则。在法律领域，基本原则是较少的，主要有"法律面前人人平等原则"和"公平原则"。具体原则是基本原则在各个具体法律领域的具体体现，例如"法律面前人人平等"在刑事法律领域具体体现为"罪刑平等"原则。

其次，实体法的原则和程序法的原则的划分。实体法原则是法律规则在分配实体权利和义务的时候必须遵守的原则，例如我国宪法中有关选举权规定中选民地位平等的原则，就是在确认选举权分配时，不能区分人的身份、财产宗教信仰和民族，而一律平等对待。程序法的原则是在诉讼活动中对于程序活动中必须遵守的原则，它虽然不直接分配人们的权利和义务，但是对于人们的权利与义务的实现起着重要的保障性作用。

最后，公理性原则和政策性原则的划分。这主要是从原则产生的历史渊源来划分。公理性原则是人类社会长期历史发展过程中形成的，反映着社会关系本质特征的法律原则。这类法律原则被不同国家和民族所共同认同。在民法领域的诚信原则就是发端于古罗马，并最终成为现代民法的"帝王规则"，它要求所有民事行为都要在自愿、公平、合理的基础上成立。政策性原则是国家在某个历史阶段出于特殊的社会需要而确立的一项原则。如果政策性原则适用的条件消失了，政策性原则也就要从法律制度中退出。以我国民法通则中规定的计划指导与经营者自主性相结合的原则为例，它是我国计划经济体制下的政策性原则。随着我国社会主义经济从计划经济过渡到市场经济，国家对经济活动调控手段和方式的改变，使得计划指导与经营者自主性相结合的原则失去了其存在的意义。民法通则中这项政策性原则在我国市场经济法律制度建立过程中被删除了。

第二章　法律的人文精神

第一节　法律人文精神及其人性基础

孟德斯鸠曾言："在民法慈母般的眼神中，每个人就是整个国家。"这一名言形象地揭示了民法的人文精神。其实，一切法律都应该具有人文精神。法律人文精神是人性对法律的精神诉求。法律的存在和演变是人的生存和发展所呈现的一种文化现象，它源于人、游于人、依于人，以人性为基础，以人的社会生活为经纬，因而具有深厚的人文精神。法律人文精神强调人的主体性，要求将人作为目的而不是手段，尊重人的尊严，保障人的权利。

一、法律人文精神的概念诠释

法律人文精神是人文精神与法律的紧密结合，是体现在法律中的人文精神。汪太贤在《人文精神与西方法治传统》一文中写道："如果说，人文精神是对人存在的思考，对人的价值、人生存意义的关注，以及对人类命运的把握与探索，那么，法治就是对人的存在、价值、命运的思考、关注和把握过程中的产物。"因此，要揭示法律人文精神的内涵，就有必要对人文精神进行解读。

（一）人文精神

人文精神的英文为 humanism，来自拉丁文的 humanitas，我国学术界又将其译为"人文思想""人本主义""人文传统""人文主义""人道主义"等。人文精神为社会科学界所厚爱，法学家讨论它，哲学家研究它，社会学家和经济学家也涉及它。不同的学者从不同的角度进行探讨，观点纷呈，莫衷一是，以至于美国人文主义者协会主席爱德沃茨这样说道："何谓人文主义？你得到的答案的类型取决于你所问的人文主义者的类型。'人文精神'一词有多种含义，并且由于写作者和说话者弄不清楚他们所指的是哪种含义，因而试图对人文主义进行解释的人往往成为混乱的根源。"

人文精神是一种普遍的人类自我关怀，它既是一套观念体系，也是一种崇高的行为准则和社会生活方式，其要义是：一切从人出发，以人为中心，把人作为观念行为和制度的主体；所有人的解放和自由，人的尊严、幸福和全面发展应当成为个人、群体、社会和政府的终极关怀；作为主体的个人和团体，应当有公平、宽容、诚信、自主、自强、自律的自觉意识和观念。

（二）法律人文精神

法律人文精神是一个极具理论价值与实践意义的课题，因而受到中外学者的普遍关注。不过，一些学者使用的是"法律理念""法律价值""法律精神"概念。如舒国滢在《我们这个时代需要什么样的法律精神？——戴维•塞尔本新著〈义务原则〉的视角》文中写道："在人类精神演进史上，法律精神的进化有着十分重要的意义，它使人类走出了原始时期蒙昧的沼泽，能够依靠对于法律、权利、义务、责任的深刻体认，在成文规范的层面上化解相互之间的冲突和征战，从而使自己避免过早地趋向崩溃。法律精神是文明时代的精神，是杂糅着人类的理性、智慧、经验、宽容、理想、渴望和平幸福的精神。所以，历史上每一个在困惑中生存的时代，首先（应当）寻求的就是该时代的法律精神。"

考察人类法律思想史，可以发现，无论在古代或近代世界里，对法律人文精神的论证和合乎逻辑的适用都曾是法学家的重要活动。然而，在人类法律思想史上对法律人文精神展开系统研究的第一人当属近代思想家孟德斯鸠，他用了20年的时间对法律精神进行研究，写成了《论法的精神》一书。在这一名著中，孟德斯鸠赋予法律精神以独特含义，这就是法律和各种事物关系的综合。

法律应该和国家的自然状态有关系；和寒、热、温的气候有关系；和土地的质量、形势与面积有关系；和农、猎、牧各种人民的生活方式有关系。法律应该和政制所能容忍的自由程度有关系；和居民的宗教、性癖、财富、人口、贸易、风俗、习惯相适应。最后法律和法律之间也有关系，法律和它们的渊源，和立法者的目的，以及和作为法律建立的基础的事物的秩序也有关系。……这些关系综合起来就构成所谓"法的精神"。

概言之，法律的人文精神是在一定社会历史条件下社会物质生活条件所决定的客观法权关系本质的反映，体现为人权、正义、自由、平等、安全等价值理念。

二、法律人文精神的人性基础

法律人文精神不仅渊源于人文精神，而且源于法律的人性基础。人性对于法律人文精神的形成具有本源性意义。这不仅可以从理论上进行诠释，而且可以从历史上得到证明。

（一）理论诠释

人性是人之所以为人的规定性，这种规定性不是单一的，它外在地表现为自然属性、社会属性和思维属性等方面的统一，内在地表现为需要、欲望、情感、意志、理性等相互连接的整体。人的需要是指人为维持自身生存和促进自身发展而占有对象、获取对象的倾向，它是人性内在因素中最基础的部分，并从根本上影响着人性的形成。当人意识到需要并追求需要的满足时，需要就转化为欲望和动机，成为想得到某种对象或者想达到某种目的的心理动力。人在进行各种活动的过程中所获得的切身体验构成人的情感，人的情感在人的动机转化为行为的过程中发挥重要作用。正如马克思所言："激情、热情是人强烈追求自己的对象的本质力量。"意志是人在把欲望转化为行动目的并追求行动目的的实现的过程中所表现出来的调节自我、克服困难的心理因素，坚强的意志保障动机转化为行动；理性是人控制欲望、规范行为的重要机制，行为依从理性是人类行为的重要特征，当理性与天赋、习惯"不相和谐"时，人"宁可违背天赋和习惯，而依从理性，把理性作为行为准则"。

23

尽管性善论和性恶论的主张由来已久并且各自都有充分的理由，但我们对这些观点不予苟同。在我们看来，人性善恶不是一个纯粹形而上的问题，仅靠抽象的理论演绎难以得出科学的结论。实践是检验真理的唯一标准，人性善恶的评价标准在于人性行为的社会效应，即基于人性的行为、由人性引导的行为是有利于还是有害于社会或他人。一般而言，当基于人性的行为实现了利己与利他的统一，至少是有利于自身生存和发展并且无害于社会和他人时，人性就是善的；当基于人性的行为虽然有利于自身的生存和发展但有害于社会和他人，甚至损人不利己时，人性就是恶的。由此，人性之善和人性之恶都有两个方面的表现。人性之善的表现是：①有利于自身生存、发展与完善的自爱、自尊、自重、自强、自信、自主、自由等；②有利于社会和他人利益的协作、关心、友爱、诚信、恻隐、感恩、克己、尊人等。人性之恶的表现是：①对自我利益、自身价值的漠视，如自暴、自弃、自卑、自毁等；②欲望的恶性膨胀，包括物欲之恶、权欲之恶、情欲之恶、名欲之恶，即为满足强烈的物质欲望以各种不正当手段掠取公私财物，为满足强烈的权力欲望而不择手段谋取权位，为满足强烈的情感欲望而导致对他人情感或社会利益的损害，为满足强烈的名誉欲望而沽名钓誉或欺世盗名甚至诽谤他人名誉。

人性的内容和特征要求"采取科学的形式但尊重对人性的理解""把人性和行为看成不只是听凭其内部生理特性和外部环境摆布的东西"。正是这一要求将人类导向法律。

（二）历史证明

法律人文精神根植于法律的人性根基，不仅可以从法学理论上进行阐释，而且可以从法律历史中得到证明。法律起源的原因有生产力的发展、阶级的产生、社会事务的复杂化以及人类智力水平的提高等。这是从社会角度所作的分析。从人的角度看，法律是人基于自己的需要而创立的规范体系。正如杨奕华所说的："人对其生存的自觉，对其生活问题的关切，对未来的不确定性，对生与死、幸与不幸、权力与冲动等的不安定感，使得人创造出法律。"

人首先是作为生命体而存在的，维持生命导致了人对食物、衣服、住所等物质的需要以及对安全的需要。法律的产生首先与这些需要有关。为了满足物质需要，人必须进行生产、交换和分配，法律就是这些活动发展到一定时期的产物。在人类社会的早期，生产活动极其简单，人们共同劳动、平均分配，不需要法律进行强制性调整。随着生产力发展，社会分工越来越细密，集体劳动逐步过渡到个体劳动，以交换为目的的商品生产逐步形成。共同劳动的生产方式被打破，平均分配方式也不再适用。新的生产和分配方式需要新的规则来调整，法律作为一种明确的、普遍适用的、具有国家强制力的规范应运而生。

法律不仅基于人的物质需要，而且基于人的安全需要。人对安全的需要紧随生理需要之后，它也是人的基本需要，是人得以生存的必要条件。为了满足安全需要，早期人类借助于图腾崇拜或者征战，然而图腾崇拜不能消除自然力量的伤害，征战的结果往往是两败俱伤。在原始社会后期，商品交换的经常性启发人们采用契约的和平方式获得安全保障，当契约被当做普遍的规则而要求全体社会成员一体遵循并以国家强制力保障实施时，契约就转化为法律。

人在物质需要、安全需要满足之后，又产生名誉、地位等方面的需要。这些需要既是人发展的基本条件，也是法律产生的重要原因。在古代社会，法律在很大程度上就有公共权力的掌握者为获得神圣地位而颁布的。在近现代社会，宪法、行政法等对国家权力进行规定，一方面是因为国家权力具有扩张性、膨胀性而对它加以法律约束，另一方面是因为国家权力具有稳定社会秩序的功能而对它加以法律保障。

总之，法律是人为了满足自己的生存和发展需要而制定的规则体系。法律与人"不是主客体的严格二分和矛盾对立，而是主客体的双向互动与协调统一"，人是法律的目的，法律是人的工具，而且法律只应该是人的工具，不能成为其他力量压迫人的手段。法律人文精神的缺乏必然导致法律的异化，或者沦为非人力量压迫和奴役人的手段，或者沦为专制君主推行暴政的工具。

第二节　法律人文精神的基本形态

法律人文精神是一个由多种形态所构成的有机系统，包括正义、人权、自由、平等、安全等。法律人文精神其突出表现是对人权的尊重，对人的人道主义的关怀。人的尊严、自由和平等，社会的公平和正义，人类的生存和可持续发展，是衡量法的价值的主要的基准。总之，当代法的精神是"以人为本""人权至上"的人文精神。在法律人文精神的具体形态中，正义具有最高性、总体性，它是法律追求的最高目标，也是良法的最高标准。但正义是一个抽象的概念，需要通过人权、自由、平等、安全等因素来体现。基于此，我们对人权、自由、平等、安全等基本形态作进一步说明。

一、人权精神

美国宪政论者弗里德里希发现："在整个宪政史中始终不变的一个观念是：人类的个体具有最高的价值，他应当免受其统治者的干预，无论这一统治者为君王、政党还是大多数公众。"对人类个体最高价值的认可，集中表现为人权及其法律保障。人权是人性的根本诉求，是法律人文精神的集中体现。尊重和保障人权是法律的终极价值，法律对人行为的规范、对社会秩序的构建、对社会发展的促进、对社会公平的维护，最终目的在于保障和实现人权。

（一）人权理念及其意义

人权是指处于一定社会历史条件下的人为维持生存和发展而享有或应当享有的权利，其核心内容是基本人权，也就是人所固有的、不可剥夺的、不可转让的权利。人权有三种存在形态，即应有权利、法律权利和实在权利，"人权作为应有权利为立法提供了指导，而人权作为法律权利仅仅完成了观念到现实的转化的第一步，为人权的实现提供了一种可能性与资格，但这显然是不够的，法律权利还必须转化成为现实权利"。在历史上，人权首先作为一种理想理念而存在。人权理念的产生具有重大意义，它唤起了资产阶级推翻"不知人权、蔑视人权"的专制政治的革命热情，引导资产阶级在革命胜利后将这一理念宪法化，构建并不断完善人权保障制度，促进宪政的兴起和发展。今天，人权已经成为一种普适性理念，为国际社会所追求，为各国政府所重视。

马克思曾经以非常赞赏的口吻说，在"人权理论"指导下所取得的资产阶级革命的胜利，"宣告了欧洲新社会的政治制度……仅反映了它们发生的地区即英法两国的要求，而且在更大的程度上反映了当时整个世界的要求"；恩格斯则表示，"从今以后，迷信、非正义、特权和压迫，必将为永恒的真理，为永恒的正义，为基于自然的平等和不可剥夺的人权所取代"。正是在人权旗帜的指引下，资产阶级发动了推翻"不知人权、蔑视人权"的封建专制政权的革命，将大批农民从封建的人身依附关系下解放出来，使之获得形式上的自由与平等，从而实现"从身份到契约"的转变；不仅如此，资产阶级还在革命胜利后建立并不断完善宪政——近现代宪政建立在对人权保护和尊重的基础之上，"人权与宪政相结合，是近代政治的显著特征"，也是现代政治的显著特征。从 20 世纪下半叶开始，人权成为国际政治关系的主题，且不说联合国"所从事及力争从事的每一件事都围绕着人权这个核心"，就是地区性国际组织、各种外交会议以及"出席国际会议的政治家、外交官以及其他人都将很大一部分时间花在了人权问题上"。与此同时，国际人权法也不断完善和发展。

（二）人权理念的法律化

人权理念作为一种进步的政治思想，对保障人权只能起到启迪、宣传、号召、指导作用。人权具有脆弱性，需要法律加以保障。首先，法律使人权从"应有权利"上升为法律权利，人权因此而具有不可侵犯性。一方面，法律将人权的内容具体化，从而使人权具有可操作性；另一方面，法律对受侵害的人权进行救济，对侵犯人权的行为予以制裁。其次，人权只有得到法律的确认和保障，才能有明确的实现程序和方法。再次，人权的实现要求建立保障人权的机制，这些机制有赖于法律构建。正是为了保障人权，资产阶级在革命时期通过发布政治宣言确认和传播人权理念，在革命成功之后通过制定宪法将人权理念规范化、制度化。这方面的标志性文件是美国 1776 年的《独立宣言》、法国 1789 年的《人权与公民权利宣言》（简称《人权宣言》）、美国 1787 年宪法（含 1791 年宪法修正案）以及法国 1791 和 1793 年宪法。

继美、法两国之后，主要资本主义国家大都将资产阶级人权理念宪法化。不仅如此，资本主义国家还随着社会政治关系的发展，不断加强和完善人权立法。如果说在资产阶级夺取政权初期，人权立法强调公民的人身权、自由权、平等权和财产权的话，那么到 19 世纪末 20 世纪初，人权立法的重点则是参政权。20 世纪以来的人权立法进一步发展，出现了诸如劳动权、工作环境权、失业救济权、最低生活保障权等规定。今天，发达资本主义国家已形成比较完善的人权法体系。无产阶级同样重视人权理论的规范化，在社会主义国家政权建立之后，以马克思主义为指导制定宪法，在宪法中确认了基本人权原则，并加强人权立法。但是由于社会主义国家成立时间一般都不长和其他一些原因，社会主义国家的人权立法还处在初始阶段，有待于进一步发展和完善。

人权理念的宪法法律化，使人权走出学者的书斋，跨入了宪政法治的理性时代，为人权保障提供了法律依据，使人权实践获得了可操作的规范。

（三）人权是法律人文精神的核心

人权是一种独具特质的人文精神现象，这种特质不仅表现为它的道德属性——人权是"做人的那些必须的条件，是衣、食、住的权利，是身体安全的保障；是个人'成我至善之我'，享受个人生命上的幸福，因而达到人群完成人群可能的至善，达到最大多数人享受最大幸福的目的上的必须的条件"，而且表现在它的法律意义——离开人权内容的法律，不是良好的法律，其实施并不必然保障人权，相反还可能造成对人权的侵犯，这已经被人类历史所证明。人权是法律的终极价值，是法律的基础和归宿。这一点可以从学者们的观点中得到支持。从人权的精神来看，人权有三义：从人的发展、完善来看，人权富于人道精神；从治国方法来看，人权富于法治精神；从整个

28

人类的进步来看，人权富有大同精神。人权精神就是一种人在人与自然、人与社会、人与自我的对立关系中先；行承认个人，并视个人为首要的道德良知和道德价值判断主体的精神，它构成了近现代人类政治法律理想生长的"胎盘"，也构成了近现代人类政治法律制度建设的全部内容：

人权精神是法治的灵魂依托，法治是人权精神的物化表现。……人权精神对法治社会的意义可从以下几个方面予以说明：第一，人权精神是法治社会胚胎形成的最初基因。在一个人权精神未获必要启蒙的社会里便不可能有法治的滥觞；第二，人权精神是法治社会的构成性要素。在一个人权精神未获充分成长的社会里，法治极有可能变质为专制；第三，人权精神是法治社会信仰的基础。以规则理性为信仰对象是法治社会区别于其他非法治社会的标志性特征。但是对规则理性的信仰仅仅是法治社会信仰的外显部分，这一外显部分并不是法律信仰的真正力量源泉。法律信仰的真正力量源泉是规则理性对人权的充分尊重和切实保障的内含部分。

人权由一般道德诉求转化为法律人文精神，关键在于人权入宪。人权入宪使得一个国家的政治、经济、文化等方面的制度构建以保障和实现人权为出发点和归宿，从而使得整个社会"存在着对人的自然本质——人性的普遍尊重，并由这种人的自然本质决定人的起始性的社会地位和人与人之间的法律关系"。从世界各国的做法看，人权入宪有三条路径。一是确认基本人权原则。自1791年法国宪法以《人权宣言》作为序言后，绝大多数国家宪法都确认了基本人权原则。二是规定人权内容。不同历史时期的宪法对人权内容的规定不尽相同。一般说来，18、19世纪的宪法主要规定生命权、自由权、平等权、财产权；第一次世界大战至第二次世界大战期间的宪法大多倾向于确认财产权、人身权、言论自由、宗教自由；第二次世界大战以后的宪法规定的人权范围十分广泛，政治、经济、文化、教育方面的人权，社会保障、生存和发展、环境方面的人权，都在宪法中得以体现，"尤其是社会主义国家和广大发展中国家的宪法对集体人权给予了重视，并突出了生存权与发展权"。三是规定人权实现条件。这方面的规定分为两种方式。一种是直接方式，即宪法对人权保障作出明确规定。如1982年葡萄牙宪法在规定每一种权利的同时都对该权利的保障作了规定，该宪法第二篇以"权利、自由与保障"

为题，其三节标题分别为"权利、自由与人身保障""参政的权利、自由与保障""工人的权利、自由与保障"。另一种是间接方式，即宪法构建政治、经济、文化制度，促进社会全面发展，以此保障和实现人权。

人权不仅是现代法律人文精神的内容，而且是现代法律人文精神的核心。法律人文精神具有多方面的内容，如正义、自由、平等、秩序、民主等。在这些法律人文精神中，人权具有根本性。"正义只有通过良好的法律才能实现"，古老的法学格言表明法律与正义的密切关系。但是，正义体现在法律中是将人权具体化为公民权利并对公民权利与义务进行合理分配。哈佛大学教授罗尔斯指出，一个社会体系的正义本质上依赖于如何分配基本的权利义务，"正义的基本主题……就是主要的社会体制分配基本权利和义务以及确定社会合作所产生的利益分配的方式"。自由和平等是法律人文精神的基本内容，也是人权的基本内容，这一点人权理论和人权法律规定都可以说明。法律秩序蕴含人文精神，然而，法律建立和维护社会生活的正常秩序、建立和维护民主政治的运行秩序、建立和维护市场经济的运行秩序，归根到底是为人权实现创造社会、经济和政治条件。民主是法律的前提和基础，然而民主本身是一种政治权利，同时民主是实现其他人权的条件，民主是社会主义制度下劳动者最大的权利，最根本的权利。没有这种权利，劳动者的工作权、休息权、受教育权等权利，就没有保证"。

二、自由

自由是一个美好的字眼，自古以来就为人类所追求和向往。在人类历史上，无数人为自由而奋斗不息，甚至献出生命；无数人为自由而呐喊，写下歌颂自由的著名篇章；无数人以自由为价值取向，设计保障自由的各种制度。从近代以来，自由作为人权的构成部分为法律所确认，成为法律人文精神的基本形态。

（一）自由及其人文意蕴

自由是一个笼统含糊、歧义丛生的概念，人们对它的内涵各持己见。

对于自由，从不同角度可以作出不同的界定。在原生意义上，自由是指原始初民处于自然状态下的那种不受约束地生活的状态，是一种不受限制、随心所欲、我行我素的状态；在哲学意义上，自由是对必然性的认识和把握；在道德意义上，自由是自觉与自愿的同一；在美学意义上，自由是对美的追求和享受；在法律意义上，自由是个人免受国家、社会和他人干涉、强制的权利，是个人能够自主选择和主张的权利。作为法律人文精神的自由，是法律意义上的自由。这个意义上的自由有思想自由和行动自由之分，也有积极自由和消极自由之别：思想自由包括信仰自由、言论自由新闻自由等；行动自由包括迁徙自由、游行示威的自由、订立契约的自由等；积极自由是指从事某种活动（包括思想活动和实践活动）的自由，即自己作出决定并加以实施的自由；消极自由是指免于外界干涉的自由，即不受他人、国家和社会限制的自由。

尽管人们对自由有着不同的理解，但大都认为它具有人文内涵。人之所以成为人，一个重要原因就是他具有自由的基本属性。历史上绝大多数理智健全且思想不偏激的思想家对此都不存怀疑。即使像康德那样的有着明显的不可知论倾向的思想家，都深信人的自由的存在；即使像奥古斯丁那样极端的神学论者，也谨慎地为人的自由留下地盘。自由对于人的意义至少可以从三个方面进行说明。其一，自由是人固有的属性，是人的"全部精神存在的类本质""一个种的全部特性、种的类特性就在于生命活动的性质，而人的类特性恰恰就是自由的有意识的活动"。其二，自由是人之为人的必要条件，"不自由对人说来就是一种真正的致命的危险"。从现实看，"没有一个人反对自由，如果有的话，最多也只是反对别人的自由。可见，各种自由向来就是存在的，不过有时表现为特殊的特权，有时表现为普遍的权利而已"。其三，自由是人幸福的重要因素。在特定条件下，自由对幸福起决定作用。这一点可以从诸多名人名言中得到印证。如德谟克利特说："在一种民主制度中受贫穷，也比在专制制度统治下享受所谓幸福好，正如自由比奴役好一样。"帕特里克·亨利说："不自由，毋宁死。"裴多菲说："生命诚可贵，爱情价更高，若为自由故，二者皆可抛。"

（二）自由是法律人文精神的基本形态

卓泽渊对马克思主义的法律自由观作过如下解读：①法律不能与自由相抵触；②法律不是压制自由的手段；③法律与自由发生冲突，退缩者应当是法律；④当人的实际行为表明人不再服从自由的自然规律时，表现为国家法律的自由的自然规律才给人以强制；⑤法律给人以强制的前提是，某人实际行为已表明他不再服从体现自由的自然规律的法律，而不是某人的思想不服从法律；⑥法律给人以强制的目的是，使人成为自由的人，是通过使人的不自由达到使人自由，其最终目的是以自由为依归。这些观点表明，自由是一种重要的法律人文精神。在这里，我们从三个方面对自由作为法律的人文精神进行阐释。

第一，人的自由是法律存在的理由。在应然上，自由为人所固有；在实然上，自由常常受侵害。"人是生而自由的，但却无往不在枷锁之中"，卢梭的这句名言揭示了自由的理想与现实之间的矛盾。人具有社会性，这种社会性是合群性与自主性的统一。合群性是人与人相互交往、团结协作、和睦相处的基础，自由在此意味着人们能够互相尊重。自主性表明人与人之间的差异，它决定了人们之间的不同价值追求，自由在此表现为个人奋斗和自我实现。很显然，这种自由如果处理不当，就会造成社会秩序的紊乱，最终使所有人都失去自由。因此，基于自主性的自由是必要的，但必须受到一定的限制。这就需要法律的介入。法律以权利和义务的方式公平地分配社会资源以及社会合作的利益与负担，为基于自主性的自由确立范围和尺度，在这一范围和尺度之内，每个人平等地享有自由。正是在这个意义上，马克思对自由作出如下界定："自由是可以做和可以从事任何不损害他人的事情的权利。每个人能够不损害他人而进行活动的界限是由法律规定的，正像两块田地之间的界限是由界桩确定的一样。……自由这一人权不是建立在人与人相结合的基础上，而是相反，建立在人与人相分隔的基础上。这一权利就是这种分隔的权利，是狭隘的、局限于自身的个人的权利。"

第二，人的自由是法律的内在精神。马克思说："法律不是压制自由的措施，正如重力定律不是阻止运动的措施一样。……恰恰相反，法律是肯定的、明确的、普遍的规范，在这些规范中自由获得了一种与个人无关的、理论的不取决于个别人的任性的存在。法典就是人民自由的圣经。"人的自由是法律的内在精神，法律是人自由的圣经。一方面，法律将对公民所享有的自由作出规定，从而使人的自由成为法律的重要内容。目前，各国宪法和法律所规定的自由一般包括以下方面：①政治自由，如集会、结社游行、示威的自由；②经济自由，如契约自由、买卖自由等；③思想自由，如言论和出版自由、宗教信仰自由、进行科学研究和文学艺术以及其他文化活动的自由；④人身自由，如迁徙自由、居住自由。另一方面，法律构建保障自由的制度，从而使人的自由活动得到国家强制力保障。法律对人的自由作出规定仅仅是完成了应然到实然转化的第一步，为人的自由的实现提供了一种可能性，但这显然是不够的，法律自由还必须转化成为现实自由。要实现这一转化，没有制度保障是难以完成的。因此，各国宪法和法律在规定人的自由的同时，也构建了保障自由的制度，这些制度包括民主制度、分权制度、合同制度、程序制度、侵权责任制度等。

第三，每个人平等地享有自由是法律的真谛。人是社会的人，所以任何人都不能随心所欲、任意妄为，否则会侵害他人自由并最终使自己失去自由。所以，自由必须受到法律的限制。但是，法律限制自由不是目的，而是为了保障每个人能够平等地享有自由。一般说来，当自由的行使存在以下情况时，法律予以限制：①明显有害于他人利益和公共利益；②明显有害于行为人自己并最终有害于他人和社会；③潜在地有害于他人和社会。总之，人的自由必须是法律下的自由。

三、平等

在法理学教材中，公平、正义、平等都曾作为基本法律价值被阐述。虽然公平、正义和平等之间存在一定区别，如平等是指人们的地位、权利和福利的相同，公平是对利益分配合理性的认定，正义则"除了包括其他东西以外，还包括防止不合理的歧视待遇、禁止侵损他人、承认基本人权、提供职业上自我实现的机会，设定义务以确保普遍安全和有效履行必要的政府职责、确立一个公正的奖惩制度等"，然而它们之间有着明显的一致性：公平以平等为基础和内容，如人们政治法律和社会方面的平等、机会的均等、收入差距不过大等往往被当做公平的表现；正义总是意味着某种平等，按照佩雷尔曼的说法，即"对于从某一特殊观点看来是平等的人，即属于同一'主要范畴'的人，应加以同样对待"。基于此，我们对平等作为法律的人文精神进行说明。

平等与自由是相辅相成的，"没有平等的自由，社会就会因为少数人的特权而走向自由的反面，最终扼杀自由；而没有自由的平等，更是毫无意义的。因此，人们所追求的是，一方面，每个人都应享有均等的自由，另一方面，这些自由应尽可能地广泛"。人类对自由的追求与对平等的追求总是联系在一起，"社会的经济进步一旦把摆脱封建桎梏和通过消除封建不平等来确立权利平等的要求提上日程，这种要求就必定迅速地扩大其范围。……这种要求就很自然地获得了普遍的、超出个别国家范围的性质，而自由和平等也很自然地被宣布为人权"。因此，当法律将自由作为其基本精神的同时，也将平等纳入其中。与自由一样，平等也是法律人文精神的基本形态之一。

四、安全

安全是人的基本需要，按照美国心理学家马斯洛的观点，人对安全的需要紧随生理需要之后。这里的安全既包括人的生命健康不受侵害，也包括人的财产不受侵犯。安全是人的生命得以存续的必要前提，也是人的幸福的基本条件。如果某个公民不论在外面还是在家中都无法相信自己是安全的，无法保证自己和家人可以不受到他人的攻击或伤害，那么对他谈论幸福就是毫无意义的。正因为如此，安全也为人类所追求，追求安全的欲望促使人类去寻求公共保护，以抵制对一个人的生命、肢体、名誉和财产的非法侵犯。在现代社会中，它还要求公众帮助，使个人能够对付生活中的某些情形，例如老龄、疾病事故和失业等"。

安全与秩序的区别是明显的。秩序强调的是社会运行中存在着某种程度的稳定性、确定性和连续性，安全则强调人的生命健康和财产免受外界的侵害；秩序是工具性的，安全是实质性的。但是，安全与秩序之间的联系也是密切的。秩序是安全的前提和基础，安全存在于一定的秩序之中，没有秩序就没有安全。正因为秩序对于安全具有如此重要的意义，因而它也成为人类追求的基本目标之一。历史经验表明，凡是在人类建立了社会组织的地方，大到一个国家，小到一个家庭，都致力于维护稳定的秩序。

安全作为法律的人文精神，表现在以下几个方面。

第一，法律秩序是最合理、最稳定的秩序。在法律秩序中，各社会主体在宪法和法律规定的范围内活动，社会组织和公民个人依照宪法和法律规定行使权利、履行义务，国家机关及其工作人员依照宪法和法律规定运作权力履行职责。在这里政府依法行政具有尤为重要的意义，"如果行政行为和决定将会从根本上影响到许多公民、特别是穷人的福利和幸福，那么，行政行为对个人自由和财产的干预就不得超出民选立法机构授权的范围……授权范围之内的行政决定，也应当以正当的方式作出。如果没有保证这一点的手段，那么，生活将变得使人无法忍受"。

第二，宪法和法律确认公共秩序的优先地位，防止滥用权利破坏公共秩序的现象。自法国《人权宣言》规定"意见的发表只要不扰乱法律所规定的公共秩序，任何人都不得因其意见甚至信教的意见而遭受干涉"以来，确认公共秩序的优先地位几乎成为世界各国宪法的通例。

第三，宪法和法律禁止危害安全的行为，不论这种行为是出自公民个人还是国家机关，也不论这种行为危害的是人身安全还是财产权。在各国宪法中，一般都有如下规定：公民的人身、住宅和财产不受无理搜查和扣押的权利不得侵犯；不依正当法律程序，不得剥夺任何人的生命、自由和财产。

此外，我国还制定了《安全生产法》《产品质量法》《食品卫生法》《职业病防治法》《消防法》等一系列法律，这些法律同《宪法》《刑法》等一起构造起保障安全的制度体系，从而使公民的安全获得制度保障。

第三节 法律人文精神的价值功能

法律人文精神具有重要的价值功能，不论是法律的制定还是法律的施行，都离不开法律人文精神的作用。法律人文精神为法律的制定提供进步的价值标准，推动法律不断创新和完善；法律人文精神为法律的实施提供文明的思想理念，促进执法文明和司法公正；在法律不完善的时候，法律人文精神可以作为纠正法律失误的力量，也可以发挥填补法律空白的功能。因此，研究传播与普及法律人文精神，使之转化为立法原则和法律规则，使之成为执法和司法的指导，使之成为民众的普遍信仰，是施行依法治国方略、建设法治国家的重要课题。

一、法律人文精神是法律进步和完善的价值指南

人类选择了法律，亦赋予了法律诸多美好的愿望。早在古希腊时期，就有先哲指出"法律是人和神共同的正义事业"。从古希腊先贤的思想中汲取营养的自然法学派，更是慷慨地把自己的美好追求赋予了法律。但历史表明，缺失法律人文精神的恶法，带给人的不是美好而是灾难。如奴隶制法和封建制法都是专制型法，人文精神的缺失使得它们成为维护等级特权和人身依附关系的工具，刑罚残酷、野蛮擅断。不仅有大量的以侮辱人格增加肉体痛苦和精神恐惧为特征的刑罚方法，而且实行有罪推定、秘密审批和刑讯逼供；不仅将一切触动统治阶级利益的行为规定为犯罪，甚至把盲论、思想、文字等作为治罪的依据。又如在第二次世界大战中，希特勒制定了一系列在程序、语言以及其他技术方面都无懈可击的法律，以这种法律的名义进行惨绝人寰的大屠杀，正义精神在希特勒的法律中消失，人类对法律的美好理想被希特勒的邪恶愿望所取代。历史的教训告诫我们，法律必须具有人文精神，才能实现人类追求美好愿望的功能。

（一）法律人文精神是良法的价值标准

"法律与每个人息息相关，它与我们同在，从摇篮到坟墓，它是指引着我们通往目的地的途径，即使在我们已与绝大多数灵魂汇合之后，也是由法律决定着，对所留遗产可以作怎样的处置。"约翰·麦·赞恩的一席话表明了法律的重要性。然而，法律有良恶之分，是否具有人文精神是区分法律良恶的核心标准。缺乏法律人文精神的法律是恶的法律，这样的法律是专制权力和非人因素压迫和奴役人的工具。富含法律人文精神的法律才是良好的法律，它以人的幸福为终极价值，对人的需要和利益作出反应并将其内化为秩序、效率、公平、自由、平等、利益等价值。这样的法律才是人生幸福的切实保障。

（二）法律人文精神是法律文明的思想基础

"罗马法是纯粹私有制占统治的、社会生活条件和冲突的十分经典性的法律表现，以致一切后来的立法都不能对它做任何实质性的修改……不管怎样，实施这种绝对不承认封建关系和充分预料到现代私有制的法律，是一个重大的进步。"罗马法之所以成为古代法律文明的标志，就在于它以朴素的法律人文精神为思想基础，确立了自由民主在"私有"范围内形式上的平等契约，以当事人之合意为生效要件等的重要原则，体现了理性、平衡观念，蕴涵着公平、自由、平等、权利等价值理念。被拿破仑视为"第一光荣业绩"的《法国民法典》之所以成为自由资本主义时期法律文明的标志，是由于这部法典明确表述了体现"个人最大限度的自由，法律最小限度的干涉"的个人主义、自由主义民法原则，贯穿着自由、平等的精神，强调所有权的绝对性契约自治的原则和过失责任制，以简明、严谨的法律词句对近代资本主义民事法律关系作了全面规定。1896 年《德国民法典》是其编纂者们"精雕细琢"出来的，在历史上"从未有过如此丰富的一流智慧被投放到一次立法行为当中"。这部法典贯彻了近代西方社会确立的民事立法的一般原则，如平等、自由、严格保护私有财产权等，反映了资本主义由分散自由经济向大规模垄断经济发展这样一个新时代的法律特征。

（三）法律人文精神是法律进步的重要动力

法律进步的动力由多方面构成，包括社会基本矛盾的运动、人类对法律认识水平的提高、立法技术的完善、法律人文精神的成熟等。其中，法律人文精神是法律进步的思想基础，是法律进步的精神力量。如作为现代法治基本原则之一的正当程序原则，就是在法律人文精神正义的引导下逐步发展和完善起来的。它起源于英国的"自然正义"，最初具体化为公平听证和避免偏私两项规则要求，后来发展为程序的中立、理性、排他、可操作、平等参与、自治、及时终结和公开等多方面。这一原则在美国得到光大，现在已经传播于全球，成为所有法治国家立法的共同价值取向。又如，古代中国虽然有着丰富的"人本"思想，但这些思想没有衍生出法律人文精神，它们"导向的恰恰是王权主义和使人不成其为人"。法律人文精神的缺失导致古代中国的专制集权制度，进而导致中国传统法律文化具有以刑为主、诸法合体、严刑峻法等特征。对此，法史学家武树臣写道："虽然中国古代刑法发展的总趋势是从野蛮而至文明的，但从整体而言之，其刑网之繁苛，刑罚之酷烈，是举世皆知的。……纠举式的审判，重口供的偏见，残酷的刑讯，造成多少冤魂；贪婪的胥吏，污秽的狱政，又使多少无辜者法外受诛。"清朝末期，一些进步的思想家在对西方法律人文精神的传播中开始形成关于民主、宪法、共和、议会等方面的理性认识，为动摇传统法律制度作了思想上的准备。正是受了西方法律人文精神的影响，孙中山喊出了自由、平等、博爱的口号，提出了"五权宪法"思想。新中国成立以来特别是 1978 年实行改革开放以后，法律人文精神在市场经济因素的增长以及中外法律文化的交流中不断发展和完善。在此基础上，我国社会主义法律也不断发展，不仅将"国家尊重和保障人权"写进了宪法（2004 年宪法修正案），而且形成了较为完善的保护公民权利的法律规范与体系。

二、法律人文精神是执法和司法公正的思想保障

执法和司法公正是现代法治的应有内容，是实现人权保障的基本要求。然而，在实际生活中，不乏这样的现象：执法人员和司法人员以事实为依据、

以法律为准绳对案件作出裁决，然而这一裁决不仅不能让当事人心服口服，而且还使当事人以外的一般人普遍认为法院判案不公正。没有法律人文精神的牵引，即使存在完备的法律制度，执法和司法也可能失去公正；相反，坚持法律人文精神，即使法律存在不足，也可以实现执法和司法公正。

现代各法治国家都将执法和司法公正作为法治建设的重中之重。随着我国法治建设的推进，执法和司法公正的程度不断提高，但毋庸讳言，目前还存在着大量的执法偏私、司法不公现象。在执法中，背离法定目的、基于不正当的动机、考虑不相关的因素、有悖逻辑和常情、专断和粗暴等现象屡见不鲜。司法不公正现象主要有以下方面：①片面适用法律条款，机械地套用法律条文，法律没有规定而作出违反立法精神的处理结果；②对案件把握不到位，定性不准，对合法与违法罪与非罪区分不清，使无辜人受到法律制裁，造成冤假错案；③办案效率低下，严重超时限而给当事人造成不必要的损失；④搞权钱交易、以案谋私，办"金钱案""关系案""人情案"，导致枉法裁判。导致执法和司法不公正的原因有多方面，包括司法体制、社会环境、文化背景等方面的原因。就文化背景而言，法律人文精神的缺乏是最根本的原因。

毛泽东说过，"人是要有一点精神的"。这个"精神"是一种情怀、一种境界、一种超越。作为法律的执行者，执法者和司法者尤其需要坚持法律人文精神，切实做到公平正直、善良、博爱、崇尚理性、相信规则、信仰法律等。法律人文精神醇化成佳酿，滋润着执法人员和司法人员的灵魂；法律人文精神锻铸成利器，磨砺着执法人员与司法人员的良知；法律人文精神升华为骨气，充盈着执法人员和司法人员的脊梁。法律人文精神是实现执法和司法公正的精神保障。执法和司法公正有赖于执法人员和司法人员的实践智慧，这种智慧来自制度理性，但根源于法律人文精神。只有具备法律人文精神，执法人员和司法人员才能富贵不能淫，威武不能屈，才能"铁肩担道义"，裁决合乎情理。一个缺乏法律人文精神的执法者或司法者，不可能实现执法公正或司法公正，也不可能做到经世济民。

三、法律人文精神是民众守法和用法的精神力量

法律以约束和规范人们的行为为目标，具有国家强制性。人们不管喜欢不喜欢、愿意不愿意，都必须在法律范围内活动。然而，法律的施行不仅要以国家强制力为保障，也要依靠人们自觉服从。法律要获得人们的自觉服从，就必须具有人文精神。一方面，法律人文精神是法律获得民众遵从的基础；另一方面，法律人文精神引导民众对法律的遵从。

（一）法律人文精神是法律获得民众普遍服从的基础

法律不是越多越好，也不是越严酷越好。早在春秋战国时期，老子就指出："法令滋彰，盗贼多有。"民众对于严酷的法律可能暂时慑于其淫威而不敢违反，但长时间后就会产生抵触情绪，进而违反法律。而具有人文精神的法律能够获得人们的普遍服从，这方面的典型例证是美国民众对宪法的服从。美国自建国以来，虽然也有过战争和经济衰退，但在整体上是沿着文明的轨道前进的。美国人将今天的繁荣归功于宪法，"人们对它的景仰和崇敬决不是漫不经心的，而是诚心诚意的。美国人对其宪法的尊崇经常到了偶像崇拜的地步"，究其原因，在于美国宪法"不仅作为自由与团结的辉煌标志，而且被看作是考验并赐福于有序自由的严导恩师"，在于"宪法表达了更高级的法，它实际上是不完美的人最为完美地复制了布莱克斯通所至尊为'区分善恶的、永恒不变的法，这种法连造物主本身在其设定的所有管理制度中都予以遵守，而且只要这种法有必要来指导人类行为，那么造物主就使人类理性能够发现它'"，"这种信念对美国宪法产生了决定生的影响"，使美国宪法成为良好的宪法。

（二）法律人文精神引导民众对法律的遵从

法律人文精神通过个人信念和社会舆论保证法律的遵守，法律人文精神的普及可以减少违法犯罪。违法犯罪的人，有的固然是不知法、不懂法，但更多的是法律人文精神缺失、道德沦丧，如"杀人、抢劫、强奸等罪犯，大都没有人道主义观念；实施财产性犯罪的人大多自私心重，缺乏劳动观念；

过失犯罪、渎职犯罪，多无事业责任心或职业道德"。法律人文精神有助于人们培养秩序、平等、公平、自由、人权等观念，使人们能够按照"己所不欲，勿施于人""己之所欲，亦惠于人""己欲立而立人，己欲达而达人"的要求处理人际关系，从而实现人际良性互动和社会有序运行。法律人文精神是民众守法的精神力量，借用卢梭的话来表述如下：法律人文精神"既不是铭刻在大理石上，也不是铭刻在铜表上，而是铭刻在公民们的内心里它形成了国家的真正宪法；它每天都在获得新的力量；当其他的法律衰老或消亡的时候，它可以复活那些法律或代替那些法律。它可以保持一个民族的创制精神，而且可以不知不觉地以习惯的力量代替权威的力量"。

第三章 法与正义

第一节 正义的多重含义

自古以来，法与正义就密不可分。在拉丁语中，法（ius）和正义（Justitia）是同一个词根。在罗马法中，将法确认为"公平正义之术"，体现了法是实现社会价值目标的主要工具。在古希腊就存在着良法和恶法的区分。近代由于法律实证主义的兴起，它们主张在法学领域的价值中立，希望将道德问题从法学研究中排除出去。法律实证主义试图将法律研究局限于法律实证技术的范围，但是第二次世界大战以后纽伦堡审判使得法与正义的关系重新引起人们的关注。

在西方学术史上，人们对正义的概念从不同角度进行了不同的界定。纷繁复杂的正义概念很难取得一致性的认同，从而造成了正义理念的混乱。"正义具有着一张普洛透斯似的脸，变幻无常，随时可形成不同形状，并具有极不相同的面貌。当我们仔细查看这张脸并试图解开隐藏其表面之后的秘密时，我们往往会深感迷惑。从哲学理论高度上来看，思想家们与法学家们在许多世纪中提出了许多各种各样的不尽一致的'真正'正义的观点，而这种观点往往都声称自己是绝对正确的。"如果仔细分析历史上众多关于正义学说的出发点，就会发现正义问题实际上涉及的就是在法律上社会成员的权利与义务的分配是否合理，而判断权利与义务的分配是否合理，人们往往有不同的价值导向，从而产生了不同的正义观。

资本主义社会在进入垄断阶段以前，关于正义的考虑主要是将自由置于首要位置，也有些学者提出平等和安全等价值目标的重要意义，但总体上促进自由目标的实现成为西方政府的首要政策。只是在第二次世界大战结束以后，反思战争爆发的原因以及资本主义周期性经济危机产生的内在因素，平等和自由的协调成为正义理论重点考虑的内容。罗尔斯的正义理论正是反映了资本主义发展这个时代的呼唤。

由于正义概念涉及的主要是权利和义务的分配，因而正义与法律有着密切的联系。一个社会正义观念的变革，总是和该社会法律制度的变革相联系着。正因为如此，正义与道德之间具有明显的界限。道德的内容主要是对人们行为的一种劝告，希望人们的行为能够友善、慷慨、大方，这些要求主要是通过自愿的方式实行的，并不需要国家强制力的推行。当人们对某种行为提出正义要求的时候，实际上是希望以规范的手段，通过国家的强制力来保障正义要求的实现。

历史唯物主义正义观认为，正义的标准是随着社会物质生活条件变迁而不断改变的。超越了历史条件而提出的正义观，在任何社会中法律制度的变革都会遭到失败。"只要与生产方式相适应、相一致，就是正义的；只要与生产方式相矛盾，就是非正义的。"奴隶制社会的人身不平等和自由的有限性，是与当时社会生产力的低下相联系的。如果不采取等级社会制度，那么促进人类社会进步的体力劳动和脑力劳动的区分以及奴隶集体劳动产生的协作关系就难以产生，人类社会就会停留在原始社会的平等但更低下的生产力发展水平层次上。维护奴隶主地位的剥削制度，确保了一个专门从事社会管理和知识创造的社会阶层的形成，从而极大地推进了人类社会的进步。因此，在奴隶主阶级内部的自由和平等，以及整个社会区分奴隶主和奴隶两个不平等的阶级，在当时的社会生产力发展水平基础上，被认为是正义的。人类社会的进步就是根据生产力发展水平的变化，努力寻找适合当时社会发展水平的正义的法律制度，从而确保将新的生产力所具有的潜力发挥出来。历史唯物主义摒弃对正义问题采取机械的决定论。正义理论作为一种意识形态观念，有其独立的发展道路。正义在各种具体环境下需要将人类社会的正义价值理念与一个国家的民族文化传统习俗有机地结合起来，从而创造出真正符合时代需要的公正法律制度。

第二节 法的实质正义

一、法与自由

在一个社会的法律制度中，保护自由是法律制度的首要目标。历代思想家总是把自由作为人理性的自然要求，获取自由是扎根于人类思想深处的欲望。自由对于人类社会的法律制度的价值，可以从早期法律的两个方面的规定清晰地体现出来。早期社会都把监禁作为一种刑事制裁手段来使用，另一方面又把自由作为最高的奖赏给予那些为社会或主人做出重大贡献的人。在古罗马社会，将拥有自由权的人称为"persona"，而将生物学上的人，也就是没有自由权的人称为"homo"。古罗马思想家西塞罗说道："任何人生来渴望自由，痛恨奴役状况。"这都反映了自由在人类社会早期法律制度中占有首要的地位。

法律上将自由主要区分为三大类型，即政治自由、经济自由和人身自由。

政治自由是公民在参加国家政治生活中享有的自由，这是现代民主政治生活中最重要的一项自由。只有公民充分享有政治自由，才能从制度上保证公民享有的人身自由和经济自由不受政府的非法剥夺。因此，公民的政治自由从一定意义上说，是公民对政府监督的权利。政治自由又可以细分为两类。一类是公民选举体现自己意志和利益的人参加国家事务的管理，保证政府的运行符合设立政府的宗旨。这种政治自由主要是选举自由，是公民根据自己的意志选举国家权力机关的代表和部分公职人员的自由。选举自由从广义来讲，还包括公民拥有罢免国家权力机关代表和公职人员的权利。对于不称职的国家权力机关代表和公职人员，可以依照法律程序进行罢免。另一类政治自由是公民从外部对国家机关的活动进行监督的权利。这类自由主要是公民通过各种表达个人意见的方式，对国家机关的活动进行监督。这类自由主要包括言论、出版自由，集会自由，结社自由，游行示威自由，罢工、罢课和罢市自由。言论自由是指通过各种语言形式表达个人思想和观点的自由。广义的言论自由包括出版自由，出版自由是公民以出版物的形式表达个人的思想和观点的自由。公民的言论自由的内容不仅仅是对国家机关的活动提出批评、意见和建议，也可以利用言论自由发表各种学术见解，进行学术争鸣，还可以通过言论自由传播各种社会新闻。结社自由是指公民可以依法成立各种社会团体，通过社团组织的活动将自己的政治意愿表达出来。这些社团包括协会、学会、研究会、商会组织以及各种政治性党派组织。结社自由是具有共同意愿的人们自愿组织起来，以一种组织活动的形式实现自己意愿的权利。结社自由是一项重要的民主政治权利，一定的社会组织比个人更能够有效地监督政府的活动。集会、游行、示威自由，是公民在公开场所通过集会、游行和示威的活动，发表意见和表达某种共同的政治意愿的自由。这项自由在实现方式上，既可以分别使用，也可以结合使用，其目的都是通过这些活动来表达公民集体的政治意愿。罢工、罢课和罢市是公民以上述方式表达个人强烈的政治意见的方式。政治自由都有法律上明确规定的行使方式，在行使政治自由的时候，不得损害其他公民、社团和国家的合法权益，否则就要承担相应的法律责任。

人身自由是公民的人身和人格不受非法侵犯和剥夺的自由。人身自由是公民自由中最基本的自由，是公民享有其他自由和权利的前提条件。其内容包括人身不受伤害、人身自由不受侵犯、公民住宅不受侵犯、公民的人格尊严不受侵犯以及公民的通信自由和通信秘密受法律保护等五项内容。人身不受伤害是公民的身体不受非法伤害，这项自由包括生命自由和健康自由。公民的生命和健康不受他人非法剥夺和侵害，公民有权进行正当防卫和采取紧急避险措施。公民人身自由不受侵犯是指公民依法享有行动自由，不受非法逮捕、拘禁和搜查的权利。限制公民的人身自由权只有警察、法院和检察院等国家司法、行政机关才能依法进行，其他任何个人和机关都无权对公民的人身自由进行限制。住宅不受侵犯是指公民的住宅不受非法搜查和入侵的自由，这是人身自由的一种延伸。人格尊严不受侵犯是指公民的与人身相联系的人格权不受非法侵犯。公民的人格权是公民参加各种社会活动必须具备的资格，它包括姓名权、肖像权、名誉权和荣誉权。通信自由和通信秘密是指公民的通信联系方式，即邮件、电报和电话等不受搜查、扣押、隐匿、毁弃等侵害，这也是公民的人身自由的一种延伸的表现。

公民的财产自由是公民参加经济活动的自由，主要包括财产所有的自由和契约自由两项内容。财产所有自由是指公民依法对自己所有的财产，享有依据自己的意愿占有、使用处分和收益的权利，并排除他人对所有权行使的干涉。契约自由是公民享有订立何种契约、选择订立契约对象的自由，他人不得对公民进行强迫、威胁和欺诈。

除上述三大类型自由之外，还有一些兼具上述人身、财产和政治自由特征的自由，这主要表现为迁徙自由和宗教自由。在迁徙自由中既有与选举自由相联系的内容，也有与人身自由相联系的内容，还有与财产所有相联系的内容。宗教自由也是与结社自由相联系，也与公民的人身自由相联系。

二、法与平等

人类追求平等的根源在于人类从心理上希望得到尊重。相同的人在法律上却享受着不同的待遇，会使得人们感到一种人格上的受损。对歧视的反感使得人们希望将平等作为法律制度的核心价值。促使人类追求平等要求的另一个重要的原因是每个人都不希望被他人永久地奴役着。人们痛恨由于法律上地位的不平等而导致的屈服，因此阶级解放、种族解放和性别解放始终是人类社会矛盾冲突和推动社会发展的动力。

在近代以前，人类社会对平等的追求更多的是停留在理念的层面上。平等的实现更容易受到社会经济、文化和政治制度的影响，也就是说，在近代科学技术取得巨大成就以前，人类社会法律制度上不平等的权利和义务的分配，更多的是受到客观生产力发展水平和社会进化程度的影响。在农业社会中男性承担着物质生产的主要任务，因而导致男女的不平等。在一个资源稀缺的社会情况下，为了维持社会的正常运转，等级制的配给制被人们认为是合理的、正义的。但是随着科学技术的发展，制约社会生产力发展的因素不再是主要依靠体力，而转为依靠智力因素的时候，阶级、种族、性别等因素曾经都被认为是社会不平等的主要依据。科学研究证明以上述因素为依据来区分人类不同社会等级是荒谬的，男女、白人和有色人、穷人和富人在智力上并不存在着什么差别。心理学和社会学的研究成果都证明了人类在智力上并不存在着重大的差别，因此，不平等既没有事实根据，也没有理论根据，只不过是法律和习惯上的传统观念使然。当科学研究证明，女性可以取得男性一样的智力成果的时候，女性就开始为争取参政、就业和教育等方面平等的权利而斗争。妇女运动的长期努力，最终使得男女平等成为一种社会共识。

近代资产阶级革命正是高举自由、平等、博爱的旗帜，反对社会制度上不平等的等级结构秩序。资本主义使得平等从理念上的诉求成为一种普遍的人类社会法律实践要求。"商品经济是天生的平等派"（马克思语），资本主义的商品经济和市场化法律制度要求打破封建等级特权和行会特权对经济发展的束缚，通过赋予人们平等的社会地位来确保交易自由。因此，在资产阶级革命成功以后的纲领性文献中，都明确宣布人人生而平等的理念。1793年法国宪法明确规定，公民平等权是各种人权中的一种。在许多资本主义国家宪法中，公民在法律面前人人平等逐渐成为一项普遍性的宪法原则。

法律上平等的含义是，相同的情况同样对待。平等在内容上是一个具有多种含义的概念。既可以是法律地位的平等，又可以是分配制度的平等，还可以是政治参与权利的平等。

法律上的平等权可以根据不同的标准进行划分。

首先，根据平等权的分配对象是个人还是群体，可以划分为形式平等和实质平等。法律上形式平等指的是，法律上在分配公民的基本权利和义务时，不应该区分人的年龄、性别、民族、阶级状况、宗教信仰、财产情况、文化程度和职业，应一律平等对待。也就是说，个人的具体特征不应该作为法律上区别对待的理由。除了法律规定的原因，所有的公民都享有同样的权利、承担同样的法律义务。现代宪政制度确定对社会所有成员在分配基本权利，即生命权、自由权财产权、受教育权和政治参与权以及在司法审判过程中诉讼权利的时候，都应该赋予所有公民平等的权利，这是资本主义社会相对于封建社会的巨大历史进步，也是人类社会历史上在消灭因为身份而导致的歧视道路上长足的进步。不过，对于基本权利的承认，只不过是一种形式上的平等，而非实际享有和效果上的平等。法律上实质平等，强调的是社会群体之间集体权利的平等。在一个社会中总是有不同性质的社会群体混合在一起的，法律制度可能会使得在形式平等的条件下，人口占少数的特殊群体的权益难以有实现的机会。这就需要法律在分配权利和义务的时候，对这些特殊的社会群体给予特别的照顾，从而实现社会不同群体之间的平等。以选举权为例，中国每一个全国人大代表都是从一定人口中选举出来的，但是我国人口分布极不平衡。农村人口占全国人口的大多数，我国少数民族中有相当数量的民族，其人口不足以产生一个全国人大代表，这就需要在选举法上特别规定，每个少数民族至少要有一个全国人大代表，这样才可保证每个民族都有自己的代表在各级人民代表大会上代表本民族的利益。

其次，平等权可以划分为机会平等和结果平等。机会平等是法律上在分配各种自由的时候，不应该区分人的身份、信仰、性别和财产状况，而应该一视同仁。机会平等在内容含义上与形式平等大致一样，法律上规定财产所有自由、契约自由以及各种社会公职的任职条件，都是充分体现机会平等的领域。机会平等实施的结果必然是社会结果不平等，一个正义的社会必须将机会平等导致的社会不平等限制在合理的范围之内。因此，需要从公平原则出发确定结果平等权。结果平等是法律上对于社会的弱势群体给予特殊的照顾，以缩小因为竞争性的社会机制造成的社会不平等。法律上规定的最低工资制度、最低生活保障制度以及各种社会福利制度，都是结果平等原则的具体体现。结果平等是法律制度从人们基本需要平等的角度去纠正机会平等造成的巨大社会差异，以免导致人类社会因阶级差异而产生的压迫和奴役。

最后一种平等是交易的平等，这种平等要求在交易关系中，双方的收益和损失要大致相当。如果契约的双方的收益和损失过于悬殊，就会造成一方当事人的收益和支出严重不均衡，从而不利于人们之间商业往来的正常进行。

平等作为一种历史范畴，不能超越一定社会的经济结构和文化发展水平的限制。在人类社会发展过程中，平等权的阶级性尤其突出，平等总是在同一阶级内部的权利与义务的平等，不同阶级之间无论是社会地位，还是权利与义务的分配，都是不平等的。人类社会发展到现代，虽然国际公约、人权宣言和各国宪法都承认法律面前人人平等，但是在具体内容上实际规定的都是一种最低限度的平等。受制于一定社会的历史发展条件，人类社会的不平等在具体的历史条件下都有其存在的正当性。这种不平等是社会进步的客观条件，因为人类在智力，体力上天生就具有差别，必须承认这种天赋的不平等导致在社会生活实践中获得报酬的不平等，从而鼓励人们积极向上的进取心，不断推动一定社会的生产力进步和各种技术创新活动的产生，从而不断推进人类文明向前发展。

三、法与安全

安全是社会主体享受其权利和义务的保障性条件，它是人类享受自由、平等权利的重要前提条件。安全有助于人们尽可能持久、稳定地享有生命、财产、自由和平等等价值。

托马斯·霍布斯将安全作为社会正义首要解决的问题，因为只有保障了生命、财产和契约交易的安全，人类的自由和平等才有可能实现。安全在法国的人权宣言中是与自由、财产和反抗压迫并列的一项重要权利。安全之所以被确认为一项重要的法律价值标准，就在于人类从自然经济的自给自足状态过渡到现代工业经济社会，已经不能完全依靠自身的力量来保障他们的生命、财产、自由的享有。在现代社会生活中，人与人之间复杂的连带关系的形成，使得人们之间的联系更加紧密，但是人们之间的相互伤害的可能性也随之增加。在工业化时代，人们的生活不再是自给自足，人们的谋生主要是从事社会分工中的一个环节，人们的生存方式的改变，导致其保障方式也发生了根本的变化。尤其是在工业化过程中，产生了很多农业经济时代没有的公害、风险，威胁着人类的生存。人际关系的变化、生活方式的变化和生存环境的变化，都使得人类的生存需要法律提供一个安全的社会秩序。

如果说自由和平等涉及的是法律制度在公民之间的权利和义务的分配，那么安全主要是法律对国家设定的职责。通过刑法、国家安全法、出入境管理法、国防法，保护国家和人民免受外来入侵和渗透的威胁；通过刑法、治安管理处罚法、各种行政管理法，保障公民的人身和财产的安全以及民主政治权利不受侵犯；通过劳动法和社会保险、社会救济的立法，保障公民的就业、医疗保健和养老保险等方面的安全；通过各种环保立法，保障自然环境的安全；通过各种经济和金融立法，确保国家的金融安全和贸易安全。因此，从国家的各种职责区分中,可以对安全大致进行一些分类。首先,是人身安全,指国家要确保公民的人身和健康不受他人的非法侵害。在人身安全中包含着一种具体的安全,就是政治安全。在现代民主政治生活中,公民参与各种政治活动,可以自由发表个人的观点和看法。对于政治上居于少数派的人士,国家要保障他们的生命和财产不因为自己的政治观点和行为而受到非法剥夺。相比较在专制统治下,统治当局往往会采取剥夺进步人士的生命和财产的方式,通过消灭政治上的反对派达到维护自身统治的目的。现代民主政治提倡的政治安全,起到很好的监督政府作为的目的,有利于民主政治的良性运转。其次,是生存保障安全。现代经济生活中人类无法依靠自身的劳动提供自身生存所需要的各种物品,只能参与到社会分工之中。因此,需要国家尽可能地充分保障就业和养老保险的安全。经济安全和金融安全是与生存安全相关联的安全,是国家在经济管理活动中保障经济活动正常运转的职责。最后,是环境安全。环境安全是国家采取各种措施,尽可能地减少自然环境的变化给人类社会生存条件带来的影响。工业化生产带来的环境污染以及气候变化都可能严重影响着人类正常的生活方式,威胁着人类的生存健康。

安全对于人类社会的生存具有双重意义。合理的稳定生活状态对于人类正常的生活是必需的,避免各种动荡和侵害行为频繁产生,使得人类生活得以健康稳定地持续下去。但是一味强调安全需要,可能会过于强化国家的职责,从而限制了个人自由发挥的空间。尤其是国家的社会福利保障过多,就业保障过高,可能会增加社会和企业的负担,也容易培养一个社会中人们生活的惰性。法律制度对于安全的保障必须结合国家的发展水平和文化传统,确定合理的安全保障范围。

法律上安全和秩序常常被认为是一回事。但是仔细分析,法律制度中秩序和安全所包含的意义实际上存在着重大差别。"秩序这一术语将被用来描述法律制度的形式结构,特别是在履行其调整人类事务的任务时运用一般规则,标准和原则的法律倾向。另一方面,安全将被视为一种实质性价值,亦即社会关系正义所必须设法促进的东西。"因此,安全是一种涉及正义实质内容的价值标准,也就是涉及国家的职责分配的指导性原则,有别于秩序所要求的法律制度的存在状态的要求。

四、法与效率

效率是一个在经济学中使用最多的词，其含义是以最少的资源消耗取得尽可能多的产出。在经济领域中的效率，主要指一个社会能够以同样的投入为社会提供尽可能多的产品，为社会创造出更多的财富。效率概念在其他社会科学中的含义，是经济学概念的一种延伸，即以较小的代价（时间、资源和人力）达到同样的社会目的。法学中效率的含义也就是这种意义上的概念。

在传统正义论中，主要考虑的是自由、平等和安全等价值目标。但是现代社会不再如传统社会那样不计较社会资源的投入和产出的关系，每一个社会制度都努力寻找符合自身国情的经济发展模式。特别是在市场经济模式下，在充分的市场竞争的环境下，考虑资源配置的效率是经济发展的首要目标，从而也使得效率被纳入社会正义考虑的范畴。

由于在法学领域考虑正义问题主要涉及的是权利与义务的分配问题，所以法律上作为正义标准的效率主要指的是法律机制运行过程中的简便、快捷、省时、省力方面的要求，以及能以较少的投入为社会提供更好的服务。具体来讲，效率在法律制度上主要体现在三个方面：首先是社会资源配置的效率要求。在每个社会中，国家都掌握着大量的社会公共资源，这些资源如要产生最大限度的社会效果，需要有一个高效的资源配置机制。无论是自然资源的开发，还是公共服务资源的采购，现代社会都需要采取招投标的机制，以确保这些公共资源的分配和发放，能够达到以最少的支出产生最大化的社会效果。我国矿产资源的开发以及政府物质的采购所采用的招投标制度，就是这方面效率原则的具体体现。其次是国家社会收入分配制度效率的要求。在生产力的要素组合过程中，如何实现有效的收入分配制度，最大限度地调动劳动者的生产积极性，同时也能使资本产生最大化的经济效益，是一个国家在法律制度上确立收入分配制度主要考虑的问题。不合理的收入分配制度，将会极大地打击劳动者的积极性，从而导致社会生产力的低下。在我国确立"以按劳分配为主体，多种分配方式并存"的收入分配制度以后，极大地调动了劳动者的生产积极性，也理顺了企业的劳动关系和管理制度，促进了企业现代管理机制的形成。我国现行的收入分配模式，反映了效率优先兼顾公平的社会主义分配制度的原则要求，对于我国社会生产力的发展起着重大的推进作用。最后是司法活动的效率要求。在司法活动中，为了实现司法正义需要设计一套完整的程序制度，复杂的程序制度通过诉讼角色的分配和每一个阶段相应完成的诉讼活动，最终实现司法正义。在这些诉讼活动中，都明确规定了诉讼时间的限制，其目的就是为了提高诉讼活动的效率。因为从正义的角度看，迟来的正义也是不正义。相类似的情况也表现在政府提供的行政服务的各个环节对时间的限制上。

在人们看来，效率与正义标准中的平等是相互冲突的范畴。对效率的追求不可避免地在社会中会产生各种不平等。为此，人们被迫要在平等和效率之间进行抉择。平等作为一种更加普适性的价值往往优先于效率。罗尔斯曾经说过，一个社会的制度无论它的效率多高，如果它缺乏公平，就不能认为是正义的法律制度。

第三节　法的形式正义

一、自然界和社会的有序性

秩序是自然界和人类社会生活中各种现象之间存在的连续性、一致性和确定性的状态。无序则是各种现象之间无连续、无规律的一种状况，也就是一种现象发展到另外一种现象时不可预测地突然变化。

凡是人类生活的地方，人们总是力图防止出现不能控制的混乱状态，试图建立起某种有序的生活模式。人类之所以有这种需求，是有着深刻的社会背景的。当人类生活在一种相对稳定的自然界和社会环境中时，人类可以从有序的各种现象中寻找到规律性的东西，通过人的经验、实践和理性思维来抽象地把握外在的世界。自然界的四季更替，各种天文现象的轮回，使得人们认识到外在世界规律性的存在，从而可以根据外在世界的周期性循环来安排自己的生活。如果自然界的规律被各种自然灾害所打乱，人类将生活在一种混沌的状态中，人类会因为各种自然现象和社会现象的反复无常而痛苦不堪。无序的生活状态极大地影响了人类生活的稳定性。

人类对于有序状态的渴求，在自然科学中表现为对规律的膜拜。在古典物理学中人类对自然现象之间的规律几乎到了迷信的地步。古典物理学家把自然现象之间的联系看成是绝对的，把物质世界看成是一个不具有任何偶然性的体系。在他们看来，自然界的每件事情都有其内在的必然性，自然界中无序的现象主要是人类对自然规律认识能力的局限性。不过，后来量子物理学的研究结果表明，在微观世界里普遍存在着随机性和不确定性。单个分子运动的主要特征是随机性，在微观世界里，规律性认识是通过统计现象才产生的。新的物理学知识向人们提供了一种关于自然性的认识。不过，在自然科学中，有序压倒无序，虽然绝对决定论不可信，但是人类相信各种自然现象受规律的制约还是可以证实的。

人类对各种现象连续性和确定性的追求，在自然科学中表现为对自然规律的追求，在社会科学中表现为对秩序的追求。秩序对于人类社会的生活意义更为深远。大多数人安排自己的生活都是遵循着某种习惯规律。商业、工业和其他专门性活动都是人们按照一定的规则和程序来进行的。随着社会进步，人类社会的规范化社会控制程度越来越高，社会生活愈来愈被各种社会组织通过有序的方式控制起来。在没有官方组织的临时群体中，例如战俘、囚犯、难民等团体中，在没有外在机构介人的情况下，都会形成一种秩序状态。但是人类对社会生活秩序状态的追求，往往会被各种灾难所打断，战争和社会动乱是对人类社会秩序的破坏力量。在急速发展的时代里，为了发展的需要人们总是希望突破秩序对变革的约束。不过，尽管存在着与秩序生活相反的主张，但是历史研究表明有序的生活方式要比无序的生活方式更有利于人类的生存。也正因为如此，习惯和传统所确立的文化模式和社会规范，总是希望将人类的集体生活控制在有序的状态中。

人类希望人与人之间关系的有序化，主要是人类社会生活中认识论和心理因素作用的结果。在人类社会的生活过程中，人类对外在世界的认识是建立在经验基础上的。人类总是从成功的经验认识中来逐渐认识外在世界的，而经验认识所体现出来的现象之间的连续性和确定性是人们把握外在世界的基础。通过不断重复出现现象的有序性，人们可以依据某种规律性的认识来安排自己的生活，进而达到改变外在世界的目的。如果不依靠过去的经验认识，我们就无法认识和适应外在的世界。随着人类经验认识的积累，人们才可以在经验认识的基础上对各种现象进行辨识，从而对各种突发情况从容应对。人类主张社会生活的有序性，就是以重复的方式来引导人们的行为，使人们的行为受某种规则的控制。坚持人类行为受规则的制约，是人类对社会关系的有序性和稳定性的要求。在心理学上，人类神经系统有节约能量和减少精神紧张的需要，而有序化的生活方式满足了人类在心理和精神上的这种需要。如果某个问题的解决能产生令人满意的结果，人类就有可能不做更深入的思考，而仅仅是对这种方法进行模仿。虽然不断重新思考、不断优化处理问题的方法是人类进步的方向，但是这种努力方向对于心理来说，是一种无法忍受的精神负担。因此，当人们做某种事情的惯常方式经过一段时间后变得过时或者产生不适应，人类需要通过努力采取更适当、更有效的方法来取代原来的做法时，心理上的惰性力量往往成为改革的阻力。

二、两种无秩序的法律观念

秩序追求的是法律制度的稳定性，因而它总是和法律上追求法律制度变革的观点相对立。在思想领域中存在着两种极端反对秩序的理论，这就是无政府主义理论和专制主义理论。无政府主义思想的基础是："人的首要责任就是自治，亦即拒绝受统治。"无政府主义者巴枯宁和克罗波金认为，人类在本质上都是善良的，关心他人和社会的存在，但是国家及其管理机构具有腐蚀人类心灵的作用。任何人对人的统治都是一种压迫，都会导致贪欲和专横。因此，无政府主义者希望建立一种没有政府强制力支配的社会，在这个社会里，人与人之间的关系主要靠人们之间自愿协议的方式来调整。无政府主义假设在这种自发性社会联合体中，所有社会成员都依靠友爱关系而和睦相处，合作和互助的关系将取代冷酷的竞争关系。不过，彻底消灭国家和政府组织，在无政府主义者自己看来，也是不可能的。即使假定绝大多数人在本质上是善良的，但是一个社会总会存在着少数心地阴暗、行为暴戾的人，对于这些人如果不依靠国家强制力是无法制服的。因此，无政府主义首先不能解决的就是人类社会普遍存在的犯罪现象。人类社会生活秩序状态的形成，必须依靠国家强制力以及国家法律体系的作用，否则人类社会的秩序是不可能自动形成的。在欧洲中世纪后期，当教会取得绝对性统治地位以后，世俗国家的权力是很弱小的，形成了一种近似无政府主义的状态。在当时社会实际存在的是等级森严的僧侣统治和人们彼此之间经济上的依附关系。况且，从一定意义上说，教会在欧洲建立的统治也是一种类似国家的组织形式。无政府主义者在历史上从没有在实践中获得成功，他们的观点仅仅停留在空想的阶段。

与无政府主义相对应的另一个极端是专制主义思想。这是一个人对其他人实施没有权力限制的统治。专制权力的行使完全取决于统治者个人的任意性的意志，他常常是根据自己一时的兴致和情绪颁布法律，法律的实施也主要取决于统治者情绪的状态，"朝为朝臣暮为囚"反映了专制君主的意志和行为的不可预测性。不过，历史上绝大多数专制统治者都不是纯粹的专制统治者，统治者的权力总是要受到文化传统和阶级习惯的约束。专制统治者都会对私人财产关系和家庭关系给予一定程度的尊重。传统的法律意识和政治统治方式，都会给人们的行为提供某种程度的可预测性。不过，在专制统治下，由于专制君主权力的无限性以及法律的概括性和模糊性，都增加了法律内容的不确定性，从而使得法律制度的运行具有很大的不可预测性。

正义的法律制度需要对社会中各种权力的任意行使进行限制。因此，法律中秩序因素要求对无政府主义和专制主义进行干涉。这种干涉具体体现在不同的领域，在私法领域中主要是对无政府主义的限制，通过划定私人的行为范围和行使方式，确保私人的自由权的行使和其他人的权利以及社会的公共利益不至于发生冲突；通过对政府职责的明确以及政府行政官员的权力行使方式的界定，防止国家的公权对私人权利的不正当侵犯。秩序因素要求国家的法律在私人生活空间的无政府状态和社会事务管理的专制意志之间寻找到一种平衡。通过有效地限制私人权利任意性和国家公权专制性，从而保证一个社会法律制度的稳定性、确定性和连续性。

法律制度中秩序因素要求反对行政执法和司法活动中的"包青天"意识。"包青天"的思维方式实际上是希望司法者根据他的正义观念来执法，并且认为司法者就是法律本身的体现。如果司法者的主观正义感与法律制度中的规范性内容一致，那么就还能为，人们遵守法律提供一个普遍性的标准。如果司法者的主观正义感是反复无常的，其判决具有不可预测的特征，那么他的司法活动的结果就不能为人们提供确定性的行为标准，于是，法律制度的秩序也就难以形成了。正如英国法学家波洛克所说的，只要是任意行使的权力，无论它同其所依据的东西具有多么密切的联系，都不符合法律的正义观念。秩序要求对司法权力的行使进行有效的限制，因此，秩序往往是与法律制度的规范相联系。通过规范为人们的行为提供统一的、普遍性的规则、标准和尺度，防止司法者的自由裁量权超过了法律规定的范围。司法活动实际上是普遍性规范具体适用于个别案件的过程。抽象性规则的存在为司法活动提供了统一的规范性标准，从而可以确保法律制度的确定性和稳定性。因此，法律制度中的秩序要求法律内容的规范具有普遍性和统一性的特征。

三、人类历史上存在的各种法律秩序观

在人类历史上，存在着不同类型的秩序观念。在奴隶制度和封建制度中存在的是等级结构秩序观。这种秩序观念将社会生活中的人们根据身份和财富区分为不同的等级结构，要求每个身份等级的人各守本分、各尽其责，各等级之间不得相互僭越。这种等级结构秩序观在于维护贵族阶级的等级特权，通过严格控制社会流动，将社会流动限定在特定阶级内部，从而形成有利于统治阶级根本利益的社会秩序。这种等级结构秩序观实际上要求建立的是一种等级压迫秩序。

资产阶级革命时期，根据启蒙思想的启示，资产阶级提出了"自由、平等秩序观"。资产阶级思想家从自然法学说和社会契约论出发，论述了建立一种自由和平等的竞争性社会秩序的可能性。法国大革命时期革命家罗伯斯庇尔将这种秩序描述为："我们希望有这样的秩序，在这种秩序下，一切卑鄙的和残酷的私欲会被抑制下去，而一切良好的和高尚的热情会受到法律的鼓励；在这种秩序下，功名心就是要获得荣誉和为祖国服务；在这种秩序下，差别只从平等本身产生；在这种秩序下，公民服从公职人员，公职人员服从人民，而人民服从正义；在这种秩序下，国家保证每一个人的幸福，而每一个人自豪地为国家的繁荣和光荣高兴……"自由、平等的秩序观是资产阶级从封建等级制度解放出来的要求出发，以个人权利的实现为目的而提出的社会秩序观。这种秩序观要求减少政府对人们生活的干预，破除封建等级制度对资本主义发展的束缚，提供充分自由竞争的社会环境。

自由资本主义时期，社会生产力获得了极大解放，创造了比资本主义以前几百年还要多的财富，人类的个性和创造都获得了足够的发挥空间。但是自由资本主义社会的秩序是非常脆弱的，经常被经济危机和阶级冲突所破坏。在资本主义进入垄断阶段以后，产生了社会本位的秩序观。社会本位的秩序观要求社会秩序的建立从个人本位角度转向社会本位角度。由于资本主义已经完成了从自然经济向工业经济的发展，社会的成员不再是从事相同的劳动，而是从事分工不同的社会劳动。分工协作关系成为现代工业社会存在和发展的前提条件，人们之间相互依存的分工协作构成了工业化时代社会秩序的基

础。因此，社会秩序的建立必须以社会自身的存在取代强调个人的权利、自由优先的考虑。社会本位的秩序观要求法律尽可能地协调各种相互冲突的社会利益，在各种社会利益之间建立有效的平衡机制，以减少利益冲突导致的社会动荡。通过建立社会资源的公共利益平台，让社会不同阶层都可以享受生活和发展所需要的各种条件，从而建立起有利于各种社会阶层生活的社会秩序。

四、法律秩序体现的形式正义

在秩序状态下生活的人们行为表现出一致性、连续性确定性和可预测性。为了确保人类行为具有上述特征，需要法律制度具有一些形式上的特征，这些特征反映了法律形式正义的一些要求。这些形式正义要求的具体内容主要包括以下一些方面。首先，法律规则具有普遍性，它要求法律规则适用的主体范围和适用的行为具有普遍性。法律所要求的、禁止的、许可的行为都必须是对普通人适用的普遍性行为。在法律规则普遍性原则指导下，在没有充分理由的情况下，法律规则不能对适用的主体身份作区别对待，也不能对适用的行为违反法律的规定任意裁量，不能对同样的行为作出不同的处理意见。其次，法律规则的内容具有确定性，它要求法律规则对于行为的规定具有确定性。这种确定性包括对行为主体的身份条件、时间、地点以及适用法律规则的原因等都作出明确的规定。对于法律上没有明确规定的情况或者规定的语言表述存在模糊的情况，法律要求区分公法和私法，以分别对待。对于公法上没有规定的情况，该法律规则就不能适用。这个在刑法上体现为"法无明文不为罪"，严格限制在公法领域的法律类推的适用，也禁止在公法领域的法律规则具有溯及力。对于私法则允许当事人根据习惯或诚实信用原则作出决定。再次，法律规则体系必须具有统一性，它要求法律规则之间不应该存在着相互冲突的情况。由于对涉及某种事务的法律可能会存在着不同的立法机关制定的不同的法律规范，这些法律规范之间可能会存在着冲突和矛盾，为此，法律形式主义要求确立法律规则的等级效力体系。在这个体系中，宪法具有最高的法律效力，国家立法机关制定的法律效力次于宪法，行政机关制定的行政法规的效力低于立法机关制定的法律，地方性法律、法规效力低于中央国家机关制定的法律、法规。同一个机关制定的法律，"后法优于前法"。法律规则体系的统一性，有效避免了法律的矛盾和冲突导致的混乱。再次，法律规则体系要具有相对的稳定性。法律规则作为人们行为的依据，有一个为人们逐渐熟悉和习惯的过程，并逐渐成为人们意识领域中行为的标准，成为一定社会的各种不同社会阶层的人的共识。为此需要法律具有一定的稳定性。法律的频繁变动，既不利于人们对于法律内容的了解，也不利于法律规则与其调整的社会关系建立起有机的联系，从而影响了法律规则的效果。最后，法律应该具有公开性。在法律发展历史上，法律公开是各个民族历史上一次重大的变革。之所以如此，就在于公开法律才能让法律为人们所熟知，也才能为人们所遵守。公开法律，法律才能成为人们的共同行为准则，才能在社会生活中引导人们的行为，也才能在社会生活中形成秩序状态。拒绝公开法律，或者法律公开的宣传性不彻底，都不利于法律成为人们的行动准则。

第四章　法律与情理

第一节　情理的涵义及其与法理的关系

一、"情理"的涵义

从文献中分析得出"情"共有四个义项：一是指人之常情，即人的本性、人的本能这方面，如人的趋利避害的本性等。二是指民情，包括社会舆论、社会的一些基本现实状况、各地不同的风俗习惯等。三是指实情，如案件事实和具体的情节等。四是指人情或者亲情等感情，但并非指个体的特殊感受，而是具有普遍性的情感。在社会生活中，这种感情上当为之事往往被视为自然之"理"，情与理由此沟通。而"理"有三个义项：一是指天理，即天道，是贯通自然与社会的普遍原理，或者说是自然界、人与社会共同应该遵循的一些规律，如民众普遍认为天经地义的一些权利、人们常说的"某人做了什么坏事，如不受到惩罚天理难容"等就包含这个义项。二是指完全建立在人性基础上的公理，如人的理解力和意志力是有限的、人总要为他的生存和发展做出安排、每个人都有追求幸福的权利等。三是指基于共同的社会生活背景和历史文化传统，而形成的民众普遍认同并自觉遵守的社会公德和公序良俗等。从以上可以看出，"情"和"理"在某些意义方面在一定程度上有一定的契合。将"情"和"理"合在一起"情理"是情与理的辩证统一，简要地说是指人的通常心理和事情的一般道理，是人们日常生活中的经验规则或经验法则。或者说情理是人们在社会生活中辩是非、明事理所必需的基本道理和基本知识，是一种通过日常生活的耳读目染，而嵌入了每一个正常人潜意识深处的社会民众普遍认同的是非观、价值观，是一种基于人的本性而对自己生存和发展必需的外在条件的认识和知识的储备，是一个人要生存、要发展的本性与自然规律、社会价值的有机融合，是人的本性在特定社会条件下自然的体现。

具体来讲，情理有以下几层意思（以行政执法为例）：

1.社会公德。如"钓鱼"执法就违背社会公德，不符合情理。据报道一私家车车主开车去单位，路上搭载了一名自称胃痛打不到出租车的男子。途中男子要求停车，随即冲上一群穿制服的人，将车主推到一辆执法车中，并认定他是黑车车主。交通执法人员为了本部门的私利，采用欺骗性手段进行"钓鱼"执法，对本无违法意图及行为之人采用行政强制措施，严重背离基本行政伦理和社会公德，也就违背情理。

2.公序良俗。如一名妇女结婚两次，两次婚姻中均育有子女，两任丈夫均已先其亡故。该妇女病死后，前夫的子女和后夫的子女都要求得到该妇女的遗体，以便跟生父合葬。双方为此争执不下，引发纠纷。然而，我国法律对该情况下遗体的归属并无规定，属于法律空白，究竟该妇女的遗体应如何处理，现场处理纠纷的警察不免陷入两难。此时，地方习俗的效力便凸现出来。根据当地通行的风俗习惯，一个妇女无论改嫁多少次，死后必须与首任丈夫合葬，据此，遗体的归属便一目了然，警察如按习俗主持调解则符合情理，纠纷的解决也顺利得多。

3.以人为本。如交通警察发现有一辆车闯红灯，拦下这辆车正准备按法律规定给予行政处罚时，司机告知车上有一名孕妇难产，这时如果警察还按规定给予罚款就违背了以人为本的基本理念，也就违背情理。警察正确的做法是警车引道，以便使孕妇以最快的速度抵达医院，挽救孕妇和孩子的生命。

4.生活常识和社会经验。如工商行政管理人员对生产假冒伪劣产品的商家下达行政处罚裁决书，其中要求行政相对人在 1 小时内从产品标识上撕下 10 万个假冒商标，这就违背常识、常理。因为在这么短的时间里，行政相对人是不可能完成的。

5.广大民众普遍认可的价值观。执法的合理性还要求把执法代价和执法的收益放在天平上称一称，如果代价太大，甚至比执法收益还要大，那么，就宁可不采取这种执法手段，否则执法行为即使合法也不合理，甚至会造成严重的后果。比如一个抢劫犯得手后，向闹市区逃窜，警察如果不开枪，抢劫犯就钻进人群跑掉了，执法目的就落空了，但如果开枪就很可能伤及无辜，相比较而言，人民群众的生命健康显然比抓获犯罪分子的价值更大，所以，警察此时宁可让犯罪分子逃脱，也不能开枪射击。这符合广大民众普遍认可的价值观，符合情理。

二、情理与法理的关系

1.情理是法理的基础，法理是情理的升华。"法是善良与公平的艺术""法学是正义与非正义的学问"。情理代表着法的价值取向，如民法中的诚实信用原则和公序良俗原则。因此法理基于情理面产生，情理通过法理而升华。法理离不开情理，情理也不能脱离法理。情理和法理既相对立，又相统一，既有所区别，又相依相伴，紧密相随。

2.情理是大众的普遍感情，法理是法学家理性思考的结晶。情理产生于大众，是大众情感的集中体现，因此，情理体现的是大众的心理，是人民的智慧；法理不是大众的情感，而是法学家经过冷静、理性的思考而创造出来的符合法律逻辑的理论结晶。法理更为理性，有时候超越情理，它不是一般的理论，而是符合社会整体利益的学说。

3.情理是大众评断是非的标准，法理是法官裁判的逻辑基础。情理是群众论事论理、论是论非的标准。在发生纠纷的时候，在处理人民之间的关系的时候，大众"心中有杆秤"，凭借情理而评判是非，违反情理，他们就会认为不当，符合情理，他们就会认为理所当然，而法理出自于法学家，出自于对情理的创造性归纳总结，基于法理创造法律规则，使之符合法律逻辑。

第二节 法律与情理的冲突及其处理

一、法律与情理的冲突

法律是国家机关制定的以权利义务为主要内容，并以国家强制力保障实施的社会行为规范的总和。情理作为人通常心理和事情的一般道理，是人们日常生活中的经验规则或经验法则。情理是指导我们制定、适用、执行法律的指南，但不是具体的法律规范本身。我们的司法者、执法者在处理具体案件时，只能以相关法律的具体规定为依据，不能以情理作为判案的直接依据。因此，在我们的司法、执法实践中不可避免地会出现法律与情理的冲突。例如在曾经震惊全国的石家庄爆炸案之后，为了从严打击非法制造枪支、弹药、爆炸物的犯罪，最高人民法院出台了一个司法解释。该解释规定：非法制造爆炸物1公斤以上，就可以按照非法制造爆炸物罪追究刑事责任；非法制造爆炸物20公斤以上的，就属于非法制造爆炸物罪中情节严重的情况，就可以判10年以上有期徒刑、无期徒刑、死刑。抽象地看这个规定，似乎没有什么不合理的地方。但如果司法机关机械地适用这个规定，而不考虑具体案件的情节和情理，就可能造成极其严重的后果。真实的情况是，有一个山村，非常穷。但翻过一座山就有一个比较繁华的集镇。人们为了脱贫致富，便决定修一条公路。在无法争取到上级财政资助的情况下，村民们决定有钱出钱，有力出力。但这个村实在太穷，实在没有多少钱可拿，最后大家决定每家凑50元，300多户人共凑了1万多块钱。这条要修的路有7公里左右。为了尽可能有效利用大家好不容易才凑齐的这1万多块钱，村民们决定用这点钱来买点原料，自己制造炸药，以求能够减轻最艰苦的开山辟石工程的困难。村民一共制造了800多公斤炸药。在这个炸药的制造、使用过程中，没有造成任何人的伤亡。村民们经过一年多的艰苦奋斗，终于公路通车了。可是，就在大家欢庆公路开通的时候，我们的司法机关来抓人了。他们将带头组织修路的村干部抓了起来，罪名是非法制造爆炸物。这个案件反映的是这样一个极其简单的事实：一个人主观上出于好心，客观上为社会做了好事，并且没有造成任何实际的损害，但是我们的司法机关却要根据我们的法律把他给抓起来，要判他 10 年以上有期徒刑、无期徒刑甚至死刑。这样合情合理但不合法可能要受到法律制裁甚至涉嫌犯罪的案例举不胜举。

二、法律与情理冲突的处理

（一）努力制定符合情理的良法

我国的法律，有相当一部分不是在我们自己的本土文化和传统中自然产生的，它主要是从西方移植过来的。例如改革开放以后，特别是随着我国实行依法治国、建设社会主义法治国家进程的加快，随着世界经济全球化、一体化的发展趋势，国际贸易日益频繁，我国移植或采用了世界贸易组织的一些共同规则，或者说我们在这方面的法律跟国际直接接轨。此外，我们在原本并没有传统的基础上形成的一些新的市场经济的法律制度，比如股票、期货、证券等，也可以移植西方的法律制度。但是，与我们的传统社会生活关系较为密切的领域，应该更多地考虑到我们的社会现实，把人伦、亲情、公序良俗等普通民众认可的情理考虑进去。比如说现在我们在证据立法方面，可以考虑设计亲属的作证豁免权。当我们为自己的近亲属作那种不利的正言的时候，我们面临着一个情理上的悖论：我们要么对法律负责，要么就得承担一个亲情或情理上巨大的心理谴责或压力。在这种情况下，我们的证据制度就应该考虑到这种豁免权。如果近亲属作出的证言会使自己的亲人陷入不利境地的时候，法律应该给予他一个选择权，即授予作证豁免权，这是符合情理的。要想保证我们的法真正是人民的法，保证我们的法不是站在人民利益对立面的法，就要求我们法律的制定必须向普通老百姓所认同的基本道理靠拢，向老百姓所奉为基本行动指南的情理靠拢，向普通民众所认同的常识、常理、常情中所包含的善恶观、价值观靠拢。只有将情理作为我们制定法律的基础，我们的法才可能发挥其应有的功能。法的主要功能在于"定分止争"，在于解决社会成员之间的利益冲突。怎样才能解决社会成员间的利益冲突呢？自然是我们必须找到冲突各方都能够接受的解决标准。常识、常理、常情是在一个社会中得到最普遍认同的是非观、价值观，是一个社会得到最广泛遵循的生活经验法则，当我们制定的法律以这种是非观、价值观、生活经验法则作为基础时，就会得到普通民众在不违背自己本性的情况下自觉甚至是自然地遵守。在任何社会中，常识、常理、常情都是人民群众在日常生活中自然形成并用以指导自己行为的基本准则，它自然是人民意志最集中的体现，是人民利益最集中的代表。一个与情理背道而驰的法，绝对不可能是得到人民认同的法，不可能是体现人民意志的法，也绝对不可能是维护人民利益的法。

（二）在司法过程中要注意法律与情理的协调

现代社会中，法治是我们追求的一个理想境界，也是社会治理的最佳方式。一般情况下我们自然就会想到法律至上，法律高于其他任何社会规范，如果其他的规范，如情理、道德，跟法律发生冲突的时候，法律应该是优先的。但是在现实生活中，社会生活的多变性和复杂性以及法律的抽象性、相对稳定性或监硬性要求法官在案件判决中不能机械地适用法律。在具体案件的判决中考虑情理就是针对法律的不变性和低硬性弊端而产生的弥补措施。这一措施早在古希腊、古罗马就被人们认识到。亚里士多德将公正看成是法律的公正，而公道则是对法律公正的弥补。这里的原因在于，法律是一般的陈述，但有些事情不可能只靠一般陈述解决问题。人的行为内容是无法精确地说明的。所以，法律制定一条规则，就会有一种例外。当法律规定过于简单而有缺陷和错误时，就由例外来纠正这种缺陷和错误，来说出立法者自己如果身处其境会说出的东西。因此，当法律与情理冲突时，法官要像立法者那样去思考法律是什么，法官并不必然机械地固守僵死的法条，而是从法律精神价值的角度思考如何公平合理地处理现实的法律纠纷。

当法律与情理一致的时候，司法不难作出裁判，矛盾纠纷也较容易得到解决。然而，当情理与法律相悖时，就会不可避免地产生碰撞，碰撞的轻重程度则取决于情理和法律背道而驰的尺度。当法律与情理相冲突的时候，法官往往感到困惑和棘手，难以作出正确的裁判。要么只依照法条裁判，把情理完全抛弃一边，让人感到不可思议，以为法律就是这样不讲情理；要么对明确的法律规定视而不见，"制定"一个例外，以情代发作出裁判。而这种自由裁量权的随意行使，实际上否定了法律的严肃性和权威性，根本就不是一种"平衡"或"正当背离法律"的方法。追求法律与清理的协调统一，即在以事实为依据、以法律为准绳的前提下，尽可能地给当事人以人性关怀，是现代法治社会的一大特点，也是社会文明进步的一个标志。

一个判决如果与常识、常理、常情背道而驰，绝对不可能得到广大民众的认同。当然，考虑情理也不是无原则的，应当注意以下几个方面：首先，由于情理具有一定程度上的不确定性，很可能会出现"公说公有理，婆说婆有理"的局面，因而法律所考虑的情理应当是确定正当的情理，即被人们所普遍接受的、稳定性强且体现一定规律性的情理，它能够反映社会民众普遍认同的是非观、价值观，否则，如果扩大化地理解情理，就会丧失判断标准，从而导致认定事实错误或者扰乱审判思路。其次，应该重视纠正情理对法律发生的一些负面作用。情理应当在法律的适用前提下和范围内去理解，即不能脱离法律去适用情理，换句话说即情理必须在法律的界限内去适用。

我国的司法改革强调法官的专业素质，提倡法官的职业化。这从司法改革方向来讲，是必须的，因为法官如果不走职业化的道路，我国司法的水准永远不可能提高。但是我们必须得同时呼吁在讲究职业化的同时，不要忘了司法民主和司法良知。在我们强调法官的素质时，不能仅仅强调他们的学历，比如有多少博士、硕士，还要强调他们的社会经验和社会责任感。如果我们仅仅强调了学识学历的因素，而忽略了对社会良知、社会公德、社会责任感强调的话，即使我们法官都实现了职业化甚至精英化，也未必能够在司法过程中，在理解和适用法律的时候，与社会中得到最普遍认同的是非观、价值观靠拢，那么他们跟普通老百姓的距离反而可能会拉大。

（三）法律与情理明显冲突不可调和时，可以采用法庭调解方式

西方法谚有云："瘦的和解胜过胖的诉讼。"缘其意循其理，就是说调解解决纠纷程序简单，程式简化，即使一方当事人有所让步、有所吃亏，但只要双方都接受调解结果，实际上就是化解了矛盾，解开了纠葛，这要比通过复杂程序、繁琐程式最终以判决解决案件更经济，更有效果，更何况判决

结果还可能使败诉一方大不满意，甚至使双方都不满意。在民事纠纷中，当法律与情理发生冲突的时候，调解不仅是解决个案纠纷的有效手段，它也是促进社会和谐、实现社会公正的重要方式。法官不仅要有法律人的法律思维，还要有社会人的群众思维；不仅要考虑法律的逻辑，还要考虑老百姓的逻辑；不仅要深谙法律之真谛，还要身感群众之体会。法官要时时考虑人民群众的呼声、人民群众的需要和人民群众的评价。法律的公正需要法官去宣示，还要群众来"体感"，老百姓的"体感"公正比法官的宣示公正更重要，否则，法律将失去公众的支持，法官的判决也将失去社会广大民众的认同。法治不只是法律人的事业，更是以广大人民群众为主体共同参与的事业，离开了人民大众的理解和支持，法治改革和进步都会受挫，法治也就难以成就伟业。

第三节 对法律实证主义关于法律与情理关系的评析

一、法律实证主义关于法律与情理：法不容情

法律实证主义者认为，法律只能是国家立法者意志的体现，只能以立法者制定的具体规则为表现形式，必须依照立法原意来解释和适用，如果法律规定不合理，也只能由立法者通过正当的合法程序来加以纠正。换言之，立法者制定的规则就是法，制定合理的规则是对立法者的要求，但是，一旦立法者的意志变为了具体的法律，无论这种规则内容多么违情悖理，只要这种规则没有被立法者所修正，就有法律效力，任何人和任何社会组织均受既定法律规则的约束，即通常所说的依法办事。无论发生什么具体情况，即使是法律本身发生不正义的情况，也要严格依法办事。在法治社会中，法律至高无上，司法机关在解决社会冲突和纠纷时，只服从法律，而不受法律之外的权力的干涉，不为社会舆论和法理情理所左右；法律的适用也不承认个别（特殊）情况，只承认普遍规则的效力，实行人人平等的原则，法治就是以法律为国王。

法律实证主义要求司法裁判人员保持中立性，不容他作过多的情理的判断。即要求司法人员在司法裁判中应当始终保持客观、中立与冷静的心态，而保持这种心态的前提就是避免用大众情理的思维方式去进行分析与判断。西方国家常用"蒙眼女神"比喻法律裁判者的形象，就是指司法裁判者在诉讼中不能考虑当事人是贫是富，是贵是贱，甚至也不应去判断他们是好是坏，是善是恶，即不能有情。"蒙眼女神"只能够摸"法律之墙"寻找"矛盾迷宫"的出口。他们认为法官在法律与情理发生冲突时若采取"舍法取义"的态度，这种"情理法官"尽管具有符合人性的优点，但是其弊端更大，这将导致法官缺乏职业性特征。职业角色过于情理化，易于使司法人员越出法律所要求的限度和范围，法外施情。法官情理化最终会导致法治的温情主义，法律得不到一体的遵循，从而扭曲司法裁判，导致司法不公。总之，从司法

裁判人员的角色定位来看，其对被裁判者的行为是否违反法律只能作出冷静的裁判，而不能添加任何情理因素，必须保持一种中立的态度和礼貌的缄默。

二、对法律实证主义者关于法律与情理关系的评析

法律实证主义强调法律的权威，强调司法裁判人员保持客观、中立，有一定的合理性。但法律是立法者从纷繁复杂的社会生活中就各种具体社会关系加以抽象、概括、分类和定型后的产物，它是以抽象的法律规范来体现立法者的意图。法律实证主义者企图用立法原意来统一法制是根本不可能实现的。首先，现代国家不是专制君主制，立法活动是由很多人组成的立法机关集体进行的，绝大部分法律都是各种不同利益集团相互斗争、相互妥协的结果。那种内容具体明确的"立法者的原意"在现实中往往是非常罕见的。其次，即使客观上有明确具体的"立法者原意"存在，一般司法者、执法者要原原本本地把握它也是完全不可能的。因为立法者的原意只是立法者们在立法过程中的思维活动，一般的司法者、执法者本身不是立法者，要他们完全了解代表各种社会利益的立法者们在立法者时是如何想的，这是不太可能的，这是由人的认识具有相对性这一人类认识客观事物的根本规律决定的。对于任何存在于人们认识之外的客观事物，人们的认识都只能无限地接近它，不可能完全穷尽地认识它。同时，由于人类认识客观事物的过程总是一个用已有的知识来理解、诠释、界定认识对象的过程，所以，即使在同一个"立法者原意面前"，每一个司法者、执法者都可能产生不同的理解。因此，任何在实际中适用、执行的法，都只可能是经过司法者、执法者解读之后的法，都只能是司法者、执法者用自己的立场、价值、经验、经历重新理解、诠释、界定其内容的法，都只能是司法者、执法者的法，都不可能是原原本本体现立法者原意的法。

在现代社会中，法院判决的公正性和正当性不是机械地适用抽象的法律规范，而是创造性地根据程序正义的要求，运用民众普遍认同的情理正确理解和适用。法律实证主义者认为法律是明确的、自成一体的独立体系，只要有确定的事实，就一定能确定应适用的法律，就一定能得出一个正确的裁判。

整个法律的运作如同一台加工机器，只要提供一定的加工材料——事实和法律，就一定会生产出确定的产品——裁判。这种看法是错误的。美国霍姆斯大法官有一句至理名言："法律的生命不在于逻辑，而在于经验。"法律是用来解决问题、解决纠纷的，而真正能够解决问题的不是对法律条文（大前提）的生搬硬套，而是对具体案件事实的认定。在法律上应用逻辑推理的基础是前提真实（即小前提），而前提的真实性是不能通过逻辑本身来提供的，而是需要由经验来决定。法律的生命就在于法律能被人们所相信、所应用、所遵守，而不在于法律条文有多精密、多符合逻辑。任何法律都是人们在社会生产生活实践中所形成并为人们所共同遵守的那些规则、惯例和习俗的固定化和条文化。无论是英、美的判例法还是大陆法系，法律从来都不是"被创造出来的"。正如马克思指出："立法者不是创造法律，而是在表述法律。"因此，真正的法律不是一般性的抽象规则，也不是固定的逻辑推理，而是具体的社会生活。司法判决最终仍然是基于法官的价值取向或生活经验而作出的判断，而这种判断因法官不同而不同。这是法律规范的抽象性与法律适用对象—案件事实的具体性这一对矛盾所决定的"徒法不足以自行"，立法者制定的任何法律都只可能是抽象的规定，要使这种抽象的法律规定成为认定具体案件事实的标准，必须有一个司法者、执法者理解法律规定的内容，并将其个人的理解适用于具体案件事实的过程。因此，任何一个适用、执行法律规范的过程都首先是一个司法者与执法者理解法律规范内容的过程。在这个过程中，即使一个没有任何私心的司法者、执法者，也根本无法避免把自己对法律的理解当做法律本身。因此，法律实证主义者企图用立法原意来统一法制，不仅在理论上是一种幻想，更重要的是，如果坚持这种观点，在实践中不但不可能限制那些企图滥用手中权力的司法者、执法者的专横，反而可能成为他们冠冕堂皇地滥用手中权力，肆意歪曲立法原意，作出不合情理的判决甚至侵犯公民正当权利和践踏公民自由的借口。

三、改革开放以来中国法治实践告诉我们：法律必须以社会民众普遍认同的情理为基础

在改革开放之初，我们的党和国家在经济领域和政治法律领域分别提出了两个口号：在经济领域，我们的口号是"让一部分人先富起来"；在政治法律领域，我们的口号则是"要法治不要人治"（即后来写入宪法的"依法治国"）。这两个口号都可以说是极其振奋人心的口号，它们的提出都具有极其伟大的历史意义。我们完全可以说，没有这两个口号，就不会有今天的中国。但是，我们在充分肯定这两个口号的历史贡献的同时，是不是也应该反思一下我们在这两个口号指导下走过来的历史，总结经验，修正、完善它们应有的内容呢？

我们先来看一看"让一部分人先富起来"这个口号。改革开放之初，提出这个口号可以说是历史的必然。没有这个口号，社会就没有竞争，不鼓励一部分先富起来，就不可能打破"大锅饭"式的计划经济模式，就不可能最大限度激发人们创造财富和促进经济发展的积极性，我们的经济就不可能发展，我们的社会就不可能进步。就这个意义而言，这个口号在全世界社会主义发展史上具有极其重要的划时代的意义。但是，我们在讲"让一部分人先富起来"的时候，忘记了一件非常重要的事情，那就是忘记提醒人们在努力富起来的过程中必须遵守最基本的社会公德和公理，忘记了提醒人们个人发财致富绝不能违背人类最基本的良知，忘记了提醒人们"君子爱财"必须"取之有道""取之有理"。

在改革开放的过程中，"依法治国"逐步成为我们基本的治国方略，这是一个伟大的历史进步。但是，正如我们在讲"鼓励一部分人先富起来"时，没有强调如何鼓励一部分先富起来一样，我们在强调"依法治国"时，同样没有强调我们应该依什么样的"法"来治国。我们要建设社会主义法治，当然必须坚持"有法可依，有法必依，执法必严，违法必究"。但是，这里的"法"，究竟应该是什么样的法？我们怎样才能保证我们法律的制定、适用、执行不走向人民利益的对立面？如果我们不努力寻找这个问题的答案，而是不论在理论上还是实践中，片面强调我国现在还处于必须从形式上树立法律

的绝对权威的历史阶段，片面强调无论法律规定是否合理，是对是错，只要是"法"就必须绝对服从，甚至即使所有的人都认为某个"规定"明显错了，明显违背情理，只要全国人大及其常委会未采取立法措施加以纠正，就必须无条件执行，这将为我国的法治建设带来非常不利的后果。实践证明：如果我们在"鼓励一部分先富起来"时，不讲"君子爱财取之有道"，我们社会的基本伦理就会沦丧，民众基本的是非观、价值观就会迷失，如果我们在推行"依法治国"方略的时候，仅仅强调"不管良法恶法都必须得到一体的遵循"，我们就很难避免做出许多明显违背情理、人民无法接受和信服的判决或裁决，这会动摇人民对法治的信任、对政府的信任，而产生逐渐走到人民对立面的危险。值得庆幸的是，我们的党和国家对这种危险不仅有越来越清楚的认识，更是站在事关我们党和国家生死存亡的高度来努力探索这种危险产生的原因，寻求避免这种危险的途径。于是，我们看到了我们党和国家先后出台了一系列修正"让一部分人先富起来"的口号、完善"依法治国"基本方略的重大政治决策。如在经济领域，我们可以看到我们的国家已经开始从单纯的"鼓励一部分人先富起来"到"实现共同富裕"并强调发展社会主义市场经济必须以诚信为基础，从单纯强调"发展就是硬道理"到"以人为本，全面协调可持续发展的科学发展观"。在政治法律领域，我们同样看到了我们的党和国家从单纯强调"法治"，到强调"依法治国"与"以德治国"的结合；从单纯地强调"有法可依，有法必依，执法必严，违法必究"到强调我们的司法执法机关必须"立党为公""司法为民""执法为民"。我们的党不仅提出"情为民所系、权为民所用、利为民所谋"这样深得民心的口号，更是明确提出了我们必须以广大人民群众的赞成不赞成、满意不满意、拥护不拥护作为衡量我们一切基本决策是否正确的根本标准。在法律领域，这就要求法律的规定不得违背一个国家民众普遍认同的常识、常情、常理，法官必须根据一个社会民众所普遍认同的基本道理、基本价值来解释法律。

现代法治，归根结底应是人性之治、良心之治、"常识、常理、常情"之治。在今天真正实现了法治的国家，不允许不讲情理的法存在已经不是理论问题，而是制度问题。美国联邦法院有权裁定议会制定的法律违宪，早已是事实，第二次世界大战后欧洲各国（包括亚洲的韩、日等国）纷纷设立了宪法法院、宪法委员会或授权最高法院审理不合乎宪法的法律。就各国的实践来看，由于宪法规定的高度抽象性，所谓违宪审查，实际上都是对法律规定是否合乎常理的审查。我们只要看一看世界各国宪法（最高）法院的有关判决就会发现：不允许对宪法作出明显违情悖理的解释，已经成为所有现代法治国家在解释宪法时所必须遵循的基本准则。宪法是国家的根本大法，具有最高的法律地位。如果宪法要根据普通民众所认同的基本道理来理解，其他任何法律又绝不能与宪法的规定相抵触，那么，在这样一种法律体系中，就不允许不讲情理的法存在。

法律必须以社会民众普遍认同的情理为基础，这绝不是将我们的法律知识降到普通老百姓的水平，而是对我们提出了比现在更高的要求。即要求执法、司法人员在执行、适用法律的过程中，绝对不能把我们的法律与民众普遍认同的基本道理对立起来，绝对不能对法律作出明显违情背理的解释、裁决或判决。我们强调法必须以广大民众的常识、常理、常情为基础，绝不意味着我们的司法者、执法者不需要懂法，而是强调我们的司法者、执法者对法律的理解必须建立在合理的基础之上，建立在广大人民群众认同的基础之上，建立在系统全面把握法律的精神和价值的基础之上。我们要知道，每一个具体的法律规定都是和谐、合理、统一的法律体系的组成部分，因此，只有全面系统地把握法律知识，融会贯通地运用法律知识，才能对法律作出合理的解释和合乎情理的适用。

第四节 在审判实务中运用情理的积极意义

一、在审判实务中运用情理，有利于实现社会效果和法律效果的统一

古代一些名吏在处理民事纠纷时，就善于运用情理。清代名吏陆稼书审理兄弟争产一案，"乃不言其产之如何分配，及谁曲谁直，但令兄弟互呼"，"此呼弟弟，彼呼哥哥""未及五十声，已泪下沾襟，自愿息讼"。情理作为人之常情和事物的常理是一种现实的既有状态，是一种不以人的意志为转移的客观存在，从这个意义上说，情理构成法律运作的实际环境与情况，因而，在法律适用中，情理必然成为必须考虑的现实因素，它甚至直接影响到对事实的认定和案件的处理。也正因为如此，法律的适用特别是法律的推理要以情理为基础，要将情理与法律的价值统一起来，从而实现法律效果与社会效果的统一。而如果不考虑情理，就会导致认定事实的偏差，或案件的处理虽然合法但不合实际生活的要求，难以得到社会民众的普遍认可。比如在一装修工人在所装修的房屋内自杀，导致房主要求装修公司购买该房，而由其另外购置新房的真实案例中，如果仅从法律上看，该房装修工人在房内自杀，并未对房屋的居住使用功能造成任何损害，因而房主的要求理应驳回，但是通过电视台采访公众，公众却一致认为房屋损失相当明显，房主请求是合理的。

当前我国正处在社会转型过程中，社会关系处在不断的变化中，许多深层次的社会矛盾日益显现，并通过诉讼的形式表现出来。面对这些复杂的社会矛盾纠纷，如果法官还是机械地适用法律，简单地照搬法律条文，不考虑常情常理，一判了之，其效果将会大打折扣。和谐司法要求法官在严格依法办案的前提下重视办案效果，努力做到法律效果和社会效果的统一。在裁判案件时，要充分考虑案件处理结果对社会现实可能造成的影响，通过合情合理的法律解释和适用，求得最佳的社会效果，以最大限度地增加和谐因素，

最大限度地减少不和谐因素。法律本是人民意志的体现，如果表面上依法办案而实际上社会效果不好，就会使法律走向人民的对立面。这并非法律本身不好，而是法官使用法律时出现问题，没有做到以理释法。法官适用法律绝不是机械地照搬法条，而要充分考虑常情常理。法律与情理不是对立的，法官只要真正把握法律的基本精神和原则，都能作出合情合理的解释和判决。

撰写法律文书也是审判实务很重要的方面，如恰当地运用情理，则有利于增强说理，宣传法制，达到较好的社会效果。法官的裁判文书不仅要言之有理、论之有据、判之有法，还要入情入理、深入浅出、通俗易懂。一份真正的裁判文书，要融情于法、理之中。在以事实为根据、以法律为准绳的基础上，根据案件特点，善于把情理与法理有机结合起来，寓情于裁判文书之中，不仅做到以理服人、以法服人，而且做到以情感人、以情服人，易于被当事人所接受并取得更好的社会效果。

二、在审判实务中运用情理，有利于正确认定案件事实

《最高人民法院关于民事诉讼证据的若干规定》中规定，根据日常生活中的经验法则能够推定出另一事实的，当事人无需举证证明。法官要作出公正的判决，必须根据经验法则对有关案件事实作出正确的判断。法官评判证据价值和利用间接证据认定事实都必须运用情理或者说借助于社会生活的经验。如在一个民事案件中，原告起诉要求被告支付拖欠的货款。被告虽然不否认拖欠货款的事实，但认为已经超过诉讼时效，不同意给付拖欠的货款。为此，原告向法院提出，他曾经向被告多次催讨货款，并出具了向被告催讨货款而发出的挂号信凭证。被告则认为，他虽然收到了原告发出的挂号信，但该信函并没有催讨货款的内容，而是一张什么字都没有写的空白纸，并随即向法庭递交一张空白纸。对此，法官应当如何判断？根据什么理由进行判断？在这种情况下，法官当然应当认定原告主张的事实为真实，其理由就是社会生活中的经验常识。固然不能完全排除原告寄出的挂号信的确装的是一张白纸的可能性，但就社会经验和生活逻辑来看，原告主张事实的真实程度远远高于被告主张事实的真实性。故依据经验法则和民事证据规则要求的证

明标准，认定原告主张的事实真实。

　　运用情理即经验法则对案件事实进行推定或认定，有利于最大限度地使法律真实接近客观真实，从而有利于实现诉讼公正。在审判实践中，因果关系和行为人过错是许多情况下责任成立的两大法律要件。对于因果关系和行为人过错有无的认定，常常需要依靠情理或生活经验来加以判断，尤其是在民事案件的审理裁判当中判断当事人的证明是否达到证明标准时。尽管法官在审理案件时，总是想方设法地试图将案件的发生、发展过程完全加以再现，但因其时过境迁，全真再现实际上是不可能的，而且法官通常是借助于当事人双方举证来实现案件再现的。因此，事实的连接会出现断裂和不清晰，这就需要依靠情理来加以推导、判断。此时，情理便成为前提事实与结论事实的桥梁。正是由于情理的一般规律性和合理性，才使得法官的认定具有了公正的价值基础。如果抛开情理，也就无法实现裁判的公正性，人们就无法理解这种司法，而无法为一般人理解的司法不可能是公正的司法，这就是司法公正与情理之间的内在联系。例如，在一个产品侵权纠纷案件中，受害人被质量有问题的啤酒瓶爆炸致伤。受伤后，受害人到医院进行了治疗。诉讼中受害人提交了已爆炸的啤酒瓶及碎片、医疗记录以及医护人的证词，并鉴定伤口为玻璃残片所致。有了这些证据能否认定因果关系呢？如果不考虑情理，则可以要求严格证明该玻璃残片是啤酒瓶的一部分，并且是致伤的那块，要实现这样的证明实际上是很难的。但从情理推定则是容易认定的。因为到医院治疗时，受害人就已经告诉了医护人员受伤的原因，医护人员的证言就可以证明。虽然可以假设是受害人自己自伤或斗殴所致，但这种假设显然不在情理之中。也正是因为考虑到情理是一般的常理及具有高度盖然性，所以法理上允许对方当事人对情理之外的例外情况加以证明（例如，对方当事人能证明受害人有自残的精神障碍、经常斗殴等），如果能够证明例外情形，就可以推翻运用情理作出的推论。

第五章　法的现代化与全球化

第一节　法的现代化概述

法的现代化是基于政治、经济和文化以及外来因素的影响，促使一国的法制从传统向现代转型的过程，在这个过程中法的价值理念不断更新并转为现实。法的现代化是一个社会变革的现象，在这个变革过程中，新的价值观念指导下的法律制度及其运行机制，在现实社会中会产生新旧观念的冲突和融合，从而在每个国家产生独特的法律运行模式和具体正义的观念。

一、现代化理论

现代化是一个极其复杂的概念，因为涉及人文社会科学的不同理解，人们对现代化的具体内涵的认识相去甚远。现代化理论产生于 20 世纪 60 年代的西方社会。战后西方经济和社会的全面发展，迅速治愈了战争给人们带来的创伤。西方的繁荣让很多落后国家和新独立的国家非常羡慕，在全世界范围内兴起一种关于社会现代化的讨论。当时西方形成的一种观念认为，今天的西方世界就是落后国家的明天。因此，现代化就是传统社会向西方发达国家的经济富裕、政治稳定、文化发达社会的转变。在这个过程中，工业化是现代化的始因，现代化是工业化的结果。这种西方本位的现代化理论的核心就是工业化、城市化、欧化，将现代西方社会的发展模式普遍化，其目的就是将其他国家的发展纳入西方发展的体系之中。这种现代化理论被称为依附理论。

与西方学者不同发展中国家学者认为现代化是一个人类逐渐主宰自然和

社会的过渡阶段。在这个过渡阶段，人类凭借自身的努力不断地创造出生活需要的、富裕的物质基础和合理的人文社会环境。因此，现代化作为一个进步过程，它的实现过程和方式是可以多元化的。

不同的现代化理论关于社会变迁都有两种模式，即连续模式和隔断模式。连续模式认为，世界的发展是单线的，落后国家的现代化只能延续发达国家的做法。隔断模式则认为，发达国家的发展模式是以对落后国家的掠夺和剥削为前提条件的，因而发达国家的发展模式对落后国家的现代化没有借鉴意义，发展中国家需要探寻自己独特的发展道路。世界现代化的格局应该是多元的。20世纪末西方社会呈现出诸多的经济、政治和文化上的问题，西方中心论的连续发展模式逐渐式微，从而给现代化的未来带来不确定性，也促使人们对现代化的认识进入实质意义的探讨。现代化作为历史跃进过程，意味着一个国家从落后的状态向进步阶段的跃进过程。在这个过程中，现代化有两个衡量指标：进步指标和现代指标。进步指标是现代化的实质意义的指标，现代指标是现代化的时间指标。也就是说进步指标只有达到现代意义上的进步，才具有现代化意义。现代化理论中两个指标体系的引人，使得进步不再局限于西方确立的科学技术标准，将进步与人文社会科学中的价值观念相联系。现代化作为一个社会转型过程，因为与人文价值观念相联系，因而在不同的文化环境中展现出各种不同的内涵，每个国家需要寻找到适合自身的发展道路。不同文化背景下，对现代化含义的内涵理解的不同，导致了现代化过程中不同文明之间的冲突和融合，也促使了文化多样性的形成和发展。

现代化是一个变革的概念，意味着社会生活方式和社会运行机制从传统向现代的历史更替，在这个过程中，社会的文明价值体系面临着巨大的创新。在突破传统社会的生活模式之后，一个社会在经济、政治和文化等领域展现出来的变革，使得一个社会生活中的价值观念产生根本性变革。现代化是一个连续的过程，现代化是一个社会从传统向现代的跃进过程，在这个过程中，无疑存在着对传统的价值和社会机制的否定，但是这种否定是一种辩证的"扬弃"的过程。因为现代社会脱胎于传统社会，因而不可避免地保留着传统社会中诸多的形式和内容要素。这也就决定了现代化过程中，传统与现代并不是一个绝对隔绝的两个组成部分，而是存在着千丝万缕联系的变革过程。正因为如此，在每个民族的具体历史变革前提下，都会产生具有其民族特色的现代化道路。现代化是对民族传统文化的更新的变革，不可能完全抛弃传统文化的基础。因此，一个成功的现代化，必须是变革性和连续性、世界性和民族性的有机统一的转型过程。

二、法的现代化理论

法的现代化是社会现代化的一个重要组成部分，它属于法的发展理论的范畴。对法律制度从传统向现代社会的转型探讨，在法学理论中早已有之。早在17世纪意大利著名人文主义学者维柯在其著作《新科学》中，将人类社会的发展过程划分为三种类型，即神的时代、英雄时代和人的时代。神的时代里宗教是社会控制的、唯一的、强有力的手段，人们相信一切事物都是由神来掌控的，因此这个时代的法主要表现为神法；英雄时代的政体是贵族专政的整体，主要依靠君主的强力进行统治，法律表现为君主强力保障的法律，不过这种法律也需要借助宗教的帮助；在人的时代，法律主要来自人的理性，是民主选举产生的政府根据充分发达的人类理性制定出来的。与人类社会发展的三个阶段相适应，在法学上也呈现出三种智慧。一是神的智慧法学，"这种法学只用隆重的敬神礼仪来衡量公道；因此，罗马人对'合法手续'这个词还保留了一种带有迷信意味的尊敬。"二是英雄时代的法学，主要是如何解释具体情况恰好符合法律的明文规定。三是人的时代法学，它"要审核事实本身真实与否，宽厚地使法律条文适应对两边公平处理的一切要求。"维柯从宗教、语言、财产、主权、审判、刑罚等具体方面详细地介绍了每一种文明的共同特征以及变更的一般法则。

19世纪英国法学家梅因分析了农业文明向工业文明转型过程中法律进化的方式。在《古代法》中，梅因考察了从中世纪后期向近代社会发展过程中法律进化的一般规律，"所有进步社会运动在有一点上是一致的。在运动发展的过程中，其特点是家族依附的逐步消灭以及取而代之的个人义务的增长。'个人'不断地代替了'家族'，成为民事法律所考虑的单位。"在传统社会中，人的一切关系都包括在家族关系之中，家族关系决定了人的各种权利与义务的形式和内容。在新的社会秩序中，人们从家庭关系的束缚中逐渐解放出来，人们之间的关系主要是通过相互之间的合意产生的，因此人们之间的权利与义务主要是通过契约方式产生的。农业文明向工业文明发展的过程中，法律内容的这种变迁，使得梅因得出一个著名的文明发展公式："所有进步社会的运动，到此为止，是一个"从身份到契约'的运动。"梅因把以个人自由为基础的契约制度作为衡量传统社会和现代社会法律制度区分的主要标准开创了法律发展的具体理论的先河。

从社会转型角度探讨传统法制向现代法制的转型，主要是欧洲大陆学者研究的重点。德国社会学创始人滕尼斯认为，存在着两种类型的社会联系。第一种是乡土社会，它根源于老乡情绪、意念和内心倾向，并由于遵循传统而保持着自身的同一性。第二种是法理社会，它的基础是占有物的合理交易和交换。法理社会中人的社会关系具有物的本性，社会关系的参加者都是以对方争取的目的为特征，所有的社会关系都是人们自觉选择的结果。在法理社会中，人们的社会关系主要是各种类型社会团体中的社会关系。在这些社团或集体中，人们认识到一个人对于另一个人来说都可能具有某种价值，这种价值可能是现实就有的，也可能是将来才具有的。在乡土社会中，人的行为主要靠习俗和传统所控制；在法理社会中，人们的行为主要由法律来决定。社会的发展就是从乡土社会向法理社会的转型。

法国社会学家迪尔凯姆主要是从社会类型的区分来分析法律的变迁。社会类型的划分主要看个人是怎样组成一个社会的。传统社会和现代社会中人们之间的组合方式截然不同。在传统社会中，人们承担的是简单的农业生产，人们主要生活在乡村的居民点中。在农业社区中，主要存在的是家庭群体或宗族集团，在这些社会组织中人们之间的结合方式是"机械的关联"。人们遵循着共同的传统道德观念，有着共同的信仰和情感。在现代社会中，随着工业化带来的社会分工，每个人都处于社会流动的过程中，每个人都具有自己独特的个性和特长。在这个社会分工的有机体中，人与人之间存在着"有机的关联"。每个人各不相同，彼此有别，但又密不可分。在这种情况下，就产生了新的社会道德模式和行为规则体系。个人能够自由地表达自己的意愿、自由地决定自己的行为，但是人的行为又必须与他人的行为相协调。在这两种社会类型中，法律的类型也存在着重大的差别。传统类型的社会中的法律主要是刑事法律，它能反映人们的集体意识。刑罚通过对犯罪行为的处罚，使得犯罪行为侵犯的集体共同意志能够得到补偿。现代社会中人与人之间的有机关联，决定了违法行为侵犯的不再是社会的共同意志，而主要是个人的利益。因此，法律的主要目的是恢复被违法行为侵害的个人之间的协作关系。法律主要表现为恢复性和合作性的关系。因此，迪尔凯姆将刑事法律向恢复性与合作性法律的转换，看成是法的现代化转型的主要标志。在传统社会中，法理的内容主要是以刑事法律为主，而现代社会中法律的主要内容是民事法律。

20世纪德国的社会学大师马克斯·韦伯特别强调个人行为对于社会现象研究的方法论价值。韦伯将人的社会行为划分为四种类型，即有目的的理性行为、有价值的理性行为、富有激情的行为和习惯的行为。人类社会的发展就是个人行为从非理性为主不断向理性行为为主的社会发展的过程。根据四种类型的人的社会行为在现实社会中形成了四种法律秩序，即富有情感和激情的秩序、与价值有关的秩序、宗教性的秩序以及与利益相关的秩序。与利益相关的秩序是和人的目的理性行为相联系的，是法的现代化的目标方向。因为法的现代化就是要根据理性认识产生的合理社会规则来调整人的社会活动、社会关系和社会结构，在此基础上形成一种与人的理性相一致的法律秩序。根据社会秩序的类型，韦伯将人类社会的合法统治区分为三种类型。

1.合理的性质：建立在相信统治者的章程所规定的制度和指令权利的合法性之上，他们是合法授命进行统治的（合法型的统治）。

2.传统的性质：建立在一般的相信历来适用的传统的神圣性和由传统授命实施权威的统治者的合法性之上（传统型的统治）。

3.魅力的性质：（建立在）非凡的献身于一个人以及由它所默示和创立的制度神圣性，或者英雄气概，或者楷模样板之上（魅力型的统治）。

在三种合法的社会类型中，社会治理的方式是各不相同的。在传统型社会中，人们笃信自古以来就存在的秩序和权利的神圣性，人们的行为受到传统的风俗习惯的约束。传统型社会统治最为典型的是宗法家长的统治，它要求臣民对主人的效忠与服从。个人的忠诚是获得职务以及等级晋升的主要根据。在传统型社会的统治中，法律并没有什么地位，社会的治理主要是依靠人治的方式，统治者权力的行使也需要考虑被统治者习惯服从的程度和心理上承受的限度。魅力型社会统治是以统治者所具有的某种超凡的人格魅力和英雄气概为基础，这种社会的统治主要也不是依靠法律，而是依靠统治者的个人魅力吸引大量的追随者，从而对社会进行有效的治理。合理性的社会则主要是以理性为基础，并主要依靠法律来进行治理。在这种社会类型中，法律具有至高无上的地位。因为法律代表着大家共同遵循的社会秩序，符合人类社会的共同利益，人们对法律的服从是出自对法律的信仰。正因为如此，合理性社会又被称为法理型社会。

韦伯的理论使得对于社会发展的理论进入了类型化的运行机制之中，从而撇开了纷繁复杂的各种经验现象对法律社会变迁的分析的干扰。通过有序的类型化概念的分析，区分了不同类型社会治理的差异，为法的现代化提供了方法论工具。

诸多研究法的发展或法的现代化的理论，侧重点各不相同，但都包含着一个共同的认识：伴随着社会从传统向现代的转型，法也面临着从传统向现代的变革。这种法律变革是法律文明价值体系的伟大创新过程。在法律发展过程中，法学一直在追求法律的自治性，但是这种自治性只是在有限的范围内的自治。法律现象不可能是一成不变的。伴随着人类社会的经济、政治和文化的发展，法律作为调整社会生活中人们行为的主要规则体系，经历了若干不同的历史发展阶段。从最初的习惯法到制定法，从个别性调整到普遍性调整，从人与人之间的相互依附关系到人们之间有机的关联关系，这一切都反映出法律的发展与社会历史的转型如影相随。法的现代化理论就是要揭示社会的变革与法的发展内在关系。

法的现代化是人类法律思想、行为和实践的变革过程。对于现代社会来说，法的现代化的意义在于指明人类社会从人治转向法治的现实道路。在传统社会中，受制于社会生产力发展水平和文化认识水平，人类社会不可避免地存在着人对人的依附关系，还存在着人对物的依附关系。在这种历史条件下，自然地产生了一种自上而下的高度集权的社会治理模式。法学中倡导的主要是以义务为本位的思想，法律在性质上也不过是统治者当局实现其人治的工具。而现代法治社会的主要特征就是法律取得了本体论的地位，社会生活的治理形式和手段都是法律；各种国家机关不仅要使用法律，而且其本身也要受法律的支配法律成为衡量国家和个人行为的主要标准。从立法到司法各个过程都遵循法律程式规定，法的形式正义和实质正义都得到有效的保障。在法律获得至高无上的地位之后，每个公民都可以充分享有相应的权力。人治社会与法治社会的本质区别，为人类从传统社会向现代社会的转型指明了发展方向，其核心内容就是现代社会的价值体系在人们的生活中的实现。

第二节 法的现代化标准

法的现代化涉及的是人的价值观念、行为模式、思维方式等方面的现代化。因此，法的现代化虽然是脱胎于传统社会，但是总是和传统法律文化保持着内在的联系。现代法治社会地价值观念总是要和传统的文化和人们的思维习惯有机地结合起来，才可能确保法的现代化在一个社会的真正成功。忽视法的现代化的本土特征，将现代化过程简单化，必然会导致一个国家的社会转型道路的曲折。法律与民族历史传统的密切关系，确定了法的现代化不能隔断民族的历史而凭空创造出一种全新的法律制度，不能完全抛弃历代相承的民族精神而接受一个异质的外来制度。法律的民族特性决定了法的现代化必须正视本民族的文化传统特性。

确定一个社会法的现代化程度，主要是考察该社会的法治水平。传统法制与现代法制的区别，主要看法律在一个社会中是否已经从工具性价值发展到本体论价值。法律在一个社会中获得了超越任何权力的地位，任何权力的行使都必须以法律为依据。法律成为国家、法人和个人行为的主要准则。国家权力也需要以法律为准绳。法治是通过社会运行的一系列具体环节体现出来的，这些具体环节虽然千差万别，但是都遵循着法律秩序要求，每个环节都是为了实现法律的正义。

以法治为关键标准的法的现代化主要包括两个方面的内容，即法律规则体系的现代化和法的价值体系的现代化。

一、法律规则体系的形式主义现代化

按照社会学大师马克斯·韦伯的理论，在近代以前的神权政治的法律体系的重要特点是关注法的实质正义原则，以伦理价值取向确定实质正义的内容，对形式正义采取排斥的态度。

现代资本主义法律体系首先关注的是形式正义原则的要求。在现代社会中，始于罗马时期的法的形式正义获得了长足的发展。在现代社会中，法的形式化意味着确认法律规则的绝对权威性；意味着从立法到司法的各个实践环节都需要遵循法律程序；意味着将国家权力纳入法律设定的运行轨道之中，并且不同的国家机关的权力都应该由法律加以明文规定；这也就意味着在一个有序化的法律秩序中，各种社会主体获得了最大限度的行为自由。因此，法的形式化实质上就是对法治原则的确认和实现。

一个现实社会中的法律体系形式主义现代化，具体表现在以下几个方面。

首先，法的形式主义现代化要求法律体系的完整性和统一性。法律规范体系的总体结构反映了构成法律基础的社会关系结构，也反映了构成法律规范体系的各个要素之间的相互联系。法律规范体系不应该是杂乱无章的，而应该是结构严谨、层次分明、逻辑统一的有机整体。在这个有机整体中，各个要素不仅保持着相互的联系，而且还都具有不同的法律属性，承担着不同的法律职能。法律体系能否发挥其调整社会关系的作用，不同的法律组成部分能否相互协调而不至于相互矛盾和干扰，成为衡量立法活动的质量和效率的主要指标。因此，法的形式现代化要求法律体系具有相对的完整性与和谐统一性。

在现代法律发展过程中，体系化成为法律成熟的一个重要标志。这个特征在大陆法系上表现得尤为突出，在德国民法典编纂过程中起着重要作用的潘德克顿学派就特别强调法律体系化的重要性。通过体系化的法律构造，将社会关系经过分析和综合而形成逻辑清晰、内在连贯、理论严密的体系，有助于法律体系保持相对的稳定性，避免因频繁的法律修改而破坏了法律的稳定性和连续性。

其次，法的形式主义现代化要求法律规范的规定具有严格性特征。法律规范作为国家意志的体现，是社会关系的正义价值理念的客观反映，必须对所规定的内容用严格的逻辑形式明确下来，以确保人们对于法律内容认识的清晰与准确。司法活动主要是借助于对法律规范的逻辑分析展开的，通过司法解释技术和推理技术应用于具体案件。法律规范的严格形式规定，使得人们的法律思维超越了具体问题的限制，法律适用是法律规则和原则基于法学思维的特殊模式指导下，将预先设定的抽象的法律规范通过逻辑推导，得出具体问题的解决方案。法律规范在逻辑结构上的严格性、确定性，是法律理性化的具体表现。

再次，法的形式主义现代化要求行政执法和司法活动的程序化。行政执法和司法活动是将法律规范的抽象规定和普遍要求，转化为社会成员的具体个别行为。执法和司法活动固然在本质上要求是一个能动的适用法律的活动，但执法和司法活动首先要求的是法律行为的可预测性。"形式理性意味着，法律以其自以为合理的制度形式存在着，但法律本身并不是目的。法律程序和法律规范，只不过是社会的工具，它们与法律内在目的有着紧密的联系……法律的显著特征是，在万一出现纠纷的情况下，它增加了依规范化程序处理的可能性，而这规范化程序的具体目的就是预防尚不受规范调整的冲突。"执法和司法的程序化是现代法治对于国家机关活动的形式主义要求，它有效地将国家机关的活动限定在法律预先确定的范围之内，从而确保了国家机关活动的结果与人们事先预测的可能大致相同。程序化是现代社会法治区别于传统人治的没有程序限制的司法的主要标志之一。通过程序化，可以有效地制约国家机关的权力行使的不确定性。通过法律明文规定国家权力的内容、行使方式和范围，确定不同国家机关的分工和制衡关系，从而确保国家机关权力行使的价值目标是保护公民的权利。

最后，法的形式主义现代化意味着法律的效率化。现代社会的法治要求立法机关制定出来的法律能够在现实社会中产生实际的效果从而表明法律是有效益的。以形式合理性为标准的法律效率化，是通过法律实施以后的社会效果来确认法律自身的效果的。法律的高效化是现代社会法制的必然要求，法律的低效化只能说明人治仍然居于主导地位，法律的权威性还没有获得全社会的认同。社会成员及其组织没有产生对法律的信任感，因而也就不能自觉地以法律作为自己行为的主要依据。

二、法的价值体系现代化

马克斯·韦伯将法的价值合理性归之于前资本主义法律文明的特征，而法的形式合理性则是现代资本主义法律文明的特征。这实际上是没有区分两种类型的价值合理性。一种是前资本主义法律文明的传统价值合理性，在这种价值合理性中，强调人社会地位的等级结构，在社会生活中人与人之间是不平等的，社会权利和义务的分配不是根据人的才能智慧和勤奋，而是根据社会地位、财富多寡来确定。法律的价值合理性是一个社会传统宗法伦理观念的体现，法律还没有形成自身独立的自主性特征，法律不过是社会道德标准的被动的体现。现代法律文明的价值合理性是与自由、平等、安全、效率等现代价值因素联系在一起的。"真正的法律乃是以自由为基础并且是自由的确认和实现。这是理性化的现代法律的一个重要价值评价尺度。此外，与平等观念相联系的法权体系，必然是重视法律在调整公民在法律面前一律平等的原则；必然是重视法律在社会生活中的地位和价值，实行法治，严格依法办事；必然是注重对社会关系的平权型的横向的法律调整，充分发挥社会主体的自主独立性和能动性。"第二次世界大战以后，特别是20世纪60年代以后，西方社会法制危机，促使了西方社会对法的现代化片面强调形式主义现代化的反思。这种反思以美国的批判主义法学为代表，他们指出法律形式主义过于强调法的形式合理性。法律形式合理性要求法律规范体系的逻辑统一性、概念内涵的严谨、推理和论证的程序化设计成为法律现代化的主要内容，但忽视了价值标准在法的现代化过程中的作用。希望通过形式化要求，使得国家权力的行使具有非人格化的特征，从而保证国家权力符合法治的要求。但是批判法学认为，形式合理性假设的自由资本主义法治的两个前提在后现代社会逐渐失去了社会基础，并被证明是虚构的前提条件。这两个前提条件是：第一，一个社会的最重要的权力都集中于政府；第二，国家的权力被规则有效地制约着。"法治的这两种假定最终都被证明为基本上是虚构的。首先，在自由主义社会中，所有重要的权力都保留在政府手中这一假设从来都不是真的。说实话，最直接、最深刻地影响个人生活的等级制度还是存在于家庭、工作场所及市场之内。这些不平等并没有因为法律面前形式上平等的信念而松懈或得到有效的纠正……法治理论的另一个关键的假定——规则会使权力非人格化和公正化也同样十分脆弱。以立法问题为例，有两个理由说明，为什么自由主义社会的立法方法不可能被认为是真正中立的而为人们所接受。首先，程序与结果密不可分，每一种方法都会使某种立法选择优于其他考虑，尽管它还很难在任何具体问题上打下自己的烙印。第二，每一种立法体制本身都体现了某种价值观，它已经包括了如何在社会中分配权力以及如何解央冲突的观点。"也就是说，国家的最主要的权力没有集中在国家手中，因此，国家并不能在社会建立真正的普遍的社会平等。法律上形式平等是一种虚幻的观念，国家的立法活动是不可能做到中立的。追求法的形式合理性原则在 19 世纪末期和 20 世纪初期是西方社会法的现代化的主要任务，但是 20 世纪中后期法的价值理性的追求被法学界逐渐关注。

在法律实践中起作用的不仅仅是法律规范体系，还有各种法律学说和思想，甚至法官个人的偏见都可能决定着司法审判的结果。美国 20 世纪实用主义法学创始人霍姆斯指出："法律的生命不是逻辑，而是经验。被感受的时代需要、盛行的道德与政治理论公共政策的直觉（公开的或无意识的）甚至法官达成共识的偏见，对于决定人们应当被如何统治的规则都比演绎推理具有更多的意义。"实用主义法学戏称，无视社会价值评判的形式主义法观念是法学中"皇帝的新衣"。现代化的法必须考虑法律如何满足人们权利实现的问题，而不是仅仅考虑法律体系的完善和传统法律价值观念的绝对化。法学作为一门经验科学，它要研究的问题不是要法律脱离社会而是服务社会。法律的社会作用要比法律的抽象形式重要，法律的好坏应该从法律满足社会需要的角度去评判，而不是其内容规定的合理性和永恒性。

现代化的社会是一个市场经济高度发达的商品经济社会。商品经济在本质上是以个人本位为价值取向的，其在法律制度上关注的是个性解放、人格独立和效益至上。在市场经济领域，需要解决的是公平和效益的矛盾，在法律上体现为解决自由和平等的矛盾冲突。市场经济首先是要求市场经济的主体享有充分的自由。在资本主义以前的自然经济活动中，由于人们之间存在着人身依附关系，个人缺乏足够的自由，因而其经济活动的积极性和创造性都受到很大的限制，从而使得社会生产力的发展受到约束，不可能创造出大量社会财富。在市场经济条件下，人们享有相对充分的人身自由、财产自由和契约自由。每个人都认识到个人独立存在的价值和社会其他人的存在价值都是以对方为交易的对象。市场主体享有的充分自由使得市场交易行为的形式和内容丰富多彩，从而为生产力的解放创造了巨大的空间，促进了社会财富的不断丰富。其次，商品经济是平等主体之间等价有偿的交换关系。商品交易活动中，由于商品所有者之间人格独立，所以他们的地位是平等的，不像自然经济中人们之间存在的人身依附关系；独立平等的民事主体之间的商品交换必须遵循等价有偿的原则，否则商品交易就不能维持下去。自由和平等之间既相互融合，又存在着矛盾。一个符合现代社会价值合理性的法律制度，必须在两者之间建立一个有效的平衡，这也是 20 世纪学术界主要关注的核心问题。

　　自由和平等在现代法制中的意义，涉及如何既保障一个社会充满活力和效益，同时也满足一个社会平等的公平需要。美国学者罗尔斯将法律制度的平等价值要求主要限制在机会平等方面的要求。他认为，为了保证一个社会的活力，首先要求充分实现社会的机会平等，所有的人都有权获得法律上的各种自由权，排除偶然性的因素以及身份因素对自由权活动的限制。其次，一个社会充分自由权的实施结果必然造成这个社会的不平等，必须将这种不平等限制在一定的合理范围内。罗尔斯关于自由和平等价值体系结构的设想，符合了美国社会历史传统和现代社会生产力的发展需要。在欧洲大陆，对于自由和平等的价值结构呈现另外一种结构，即通过广泛的社会福利制度，在社会成员的基本平等和平均基础上确保自由权的实现。

　　法的价值合理性现代化评价标准是一个较之形式合理性更为复杂的问题。如果说法的形式合理性现代化还有一个基本的普适性标准的话，那么法的价值合理性现代化就需要结合各国的民族文化传统、社会经济发展水平以及法制的状况来确定。每个国家都需要寻找到最适合本民族法的价值标准现代化模式。

第三节 法的现代化道路

当今世界各国历史发展渊源不同，各国实现现代化的经济、政治、文化以及人口和地理环境等各种因素各不相同。诸多社会因素的差异，必然造成各国法的现代化历史进程呈现出五彩缤纷、丰富多彩的多元化特征。对这些不同国家法的现代化道路进行分析，总结出各国法的现代化的共同规律，揭示出法的现代化的基本范式，是很有必要的。

一、内发型法的现代化

内发型法的现代化是指一个国家或社会的法制基于内部诸因素的成熟而促使其法律从传统向现代转型的历史发展模式。这种法的现代化主要以英国、法国和美国的法为典型代表。

内发型法的现代化的动力主要来自社会的内部力量，是社会的自身的力量形成的创新能力，即由于社会的经济力量和生产力的发展导致的一个社会的进步而促使该国法律的变革。

（一）内发型法的现代化条件

从英、法、美等国的法的现代化的历史发展进程来看，其法的现代化至少要具备四个条件。首先，现代生产力方式是在一个内部孕育和积累起来的，并且具有工业化和市场化的特点。现代资本主义生产方式是以工业化和市场化为特征的商品经济，这种商品经济从城镇扩张到农村，并最终摧毁了封建社会的自然经济，最终带动了社会其他方面的变革。只有新生的商品经济力量足够强大，才有可能彻底摧毁封建制度的经济基础，从而开启法的现代化大门。其次，社会经济必须具有先进性和革命性。由英国开启的工业革命促使西方社会从农业文明迅速过渡到工业文明时代，但是社会变革过程中必然会引起社会的动荡。这就需要该国的社会经济发展具有先进性，能够抵御外来的入侵和干涉，从而顺利完成现代化的转型。这个要求在英国和法国法的现代化转型过程中表现得较为突出。当时英、法两国的资本主义经济还不是十分强大外来的干涉对于法的现代化影响甚大，但是由于资本主义经济的强大的生命力，所以这些外来的干涉并没有阻止英国和法国完成法的现代化进程。社会经济的先进性为法的现代化提供了有力的保障。再次，市民社会的力量足够强大，而政府的力量较小，形成了"大社会小政府"的格局。资产阶级革命以后，根据"主权在民"的原则建立起来的代议制政府权力都是较小的。民众出于对政府权力的不信任，对于授予政府管理社会事务的权力总是采取审慎的态度。而在社会经济的市场化过程中，已经在市民社会内部形成了自我运行的机制。新兴的市民阶级构成了推动法的现代化的基本力量。弱小、有限的政府只是被动地接受市民社会的要求，完成所授予的社会管理职责。法的现代化内容阻力较小，变革成为社会的主要潮流。最后，社会意识和社会现实之间存在着一定的张力。经过启蒙运动的长期洗礼，英、法、美等国家中适应资本主义商品经济发展需要的天赋人权思想已经深入人心，而现实社会的封建等级制度与资本主义法律思想格格不入，因此，通过改革法制为资本主义发展开辟道路成为人们的迫切要求。

（二）内发型法的现代化特征

内发型法的现代化的前提条件决定了其现代化的道路的特征。首先，内发型法的现代化是一个由于社会自身条件的成熟而促成的自发性的法的现代化。西欧的法的现代化开始于两个世纪以前，但是西方法律的近代化过程早在教皇革命时期就已经开始了。教皇革命已经确立了法律制度要服务于社会发展的观念。法律也从诸多社会控制手段中分离出来，走向专业化和职业化发展的道路。法律在确立自身自主发展方向的同时，也不断回应着社会对法律调整的技术需要。自教皇革命开始的"发现罗马法、恢复罗马法、发展罗马法"的运动，就一直催生着法律自我完善的能力。在中世纪后期，城市的发展和商业的复兴使得西欧国家认为只有法才能保证社会秩序的建立。社会条件的逐渐成熟使得法的独立性和自我完善的能力与社会发展有机地结合起来，促使了法的现代化完成。其次，商品经济是法的现代化内在动力。工业革命使得社会生产从农业时代过渡到产业经济时代。社会财富的主要表现形式从土地转为工矿企业。商业经济取代农业经济的过程中，旧贵族也被新兴的工业和金融贵族所取代。资本主义的私有制、代议制民主以及自由竞争的市场经济，使得新兴资产阶级迅速占据了社会的政治舞台中心，从而在政治体制上和社会变革力量上为法的现代化准备了社会基础。最后，内发型法的现代化是法的形式理性和实质理性紧密相连的法制变革过程。率先完成的是法的形式理性变革。近代西方罗马法复兴运动带来的法典编纂运动，极大地促进了法的形式理性实现，与此同时，启蒙运动的古典自然法学理论对法典运动起到直接的指引作用，从而推动了现代法的价值理念在制定法中的实现。

二、外发型法的现代化

外发型法的现代化，是先进的法律文化对落后的法律文化的巨大冲击，从而促使后者开始法的现代化转型。日本、俄国和印度法的现代化是外发型法的现代化的典型代表。

（一）外发型法的现代化条件

国外发型法的现代化推动力量主要来自该国社会的外部。一个国家由于生产力发展水平的落后以及文化上的落后，在受到外来的军事入侵和经济入侵的情况下，无力抵抗而被迫进行法的现代化转型。外发型法的现代化产生的具体条件可以归纳为四个方面。首先，是该国的经济和文化发展水平相对落后，容易遭到外来的军事入侵。先进国家往往以军事入侵为先导，然后进行经济和文化的渗透，推动该国法的现代化的转型。其次，外来文化和经济的冲击足够强大，足以摧垮本国的文化心理防线，从而放弃对本国传统法律文化传统的坚持，转而积极学习外来的、先进的法律制度和法律文化。再次，该国的市民社会力量弱小，而政府的职能和作用较为强大。由于经济和文化的落后，外发型法的现代化的国家，其市场经济发育滞缓，工业化和商业化程度较低，社会内部没有形成一个自发的市民阶层，但是在外来入侵的情况下，形成了一个开明的政府，作为一种超经济的力量推动着该国的现代化变革。最后，法律意识和法制现实之间没有张力。法律意识和法制长期处于一个封闭的体系之中，它们之间没有冲突和对抗，因而没有产生变革法制的需要。法的现代化主要是在外来入侵的打击下，在开明政府的指导下，作为对外来法律文化冲击的一种回应而进行的法的变革运动。

（二）外发型法的现代化特征

外发型法的现代化的历史条件决定了它所具有的特点不同于内发型法的现代化。一国法的现代化动力来自该国的外部，是由于先进法律文化对落后法律文化的巨大冲击而促使该国法制从传统向现代的转型，这就决定了这种法的现代化是一种突发性的法制转型。外发型法的现代化往往是以政治革命或改革为先导，政府作为现代化的组织者积极推动这场自上而下的法制变革。俄国 1861 年的农奴解放运动和日本 1868 年的明治维新运动，都是在政治和社会经济的积极组织和倡导下，通过促进官僚体制改革，进而推动法制变革。由于外发型法的现代化主要是对外来文化冲击的一种回应，所以它主要是一种法的形式理性的现代化。法的实质理性严重滞后于法的形式理性的发展。由于没有启蒙运动的思想基础，现代法的价值理念没有现实思想基础。法的现代化主要是对发达国家先进法律制度的模仿，传统的法的价值观念仍然起着重要的作用。

三、混合型法的现代化

混合型法的现代化是由于一个国家的内外部力量的互相作用形成合力，从而推动其法制从传统向现代转型。中国、韩国属于比较典型的混合型法的现代化。

（一）混合型法的现代化的条件

在混合型法的现代化国家，客观存在着促进法制从传统向现代转型的政治、经济力量，但是这些力量都非常弱小，还不能积蓄出足够的力量推动本国的法制自发地实现现代化转型。混合型法的现代化的启动无疑是西方法律文化冲击的结果，但是这种外来文化的冲击并没有摧毁本国悠久历史文化传统的防线，因面外来的文化冲击并不是混合型法的现代化的最终动力。混合型法的现代化的动力是外来文化作用于本国的政治、经济因素，促使后者从弱小的力量逐渐强大起来，从而推动法的现代化不断发展。由于这种法的现代化兼具内发型法和外发型法的现代化特征，所以称为混合型法的现代化。

近现代中国法的现代化进程，是混合型法的现代化的典型代表。它是中国人民在近代历史内忧外患的情况下，通过艰苦的探索，寻找中国法独特的现代化道路的摸索过程。

中国古代社会经历了几千年的发展历程，其间各个朝代的法律规范、司法体制和诉讼程序虽然各有特点，但是其内在结构、基本精神是一脉相承的。特别是秦汉以后形成的封建社会的传统法制，在两千年的发展历史中没有实质性的改变。中国传统法制和法律文化观念，构成了近现代中国法的现代化的前提条件。它们集中表现在法律结构、司法体制和法律价值理念三个方面。

在法律结构形式上，传统中国法律制度表现为民、刑不分，程序和实体法相混合的法律结构体系。在历代王朝的更替过程中，虽然都特别重视开国法典的编纂，但是这种法典的编纂并没有形成法律专业的分类，也不可能形成西方法律的公、私法的区分理论。以唐律为例，共有名例、卫禁、职制、户婚、厩库、擅兴、贼盗、斗讼、诈伪、杂律、捕亡、断狱十二篇。法律的内容主要表现为刑事法律，只是在具体内容上间接地体现出行政和民事以及诉讼法律的内容，从而体现出重刑轻民的特点。刑事法律为法典的核心内容，自成体系。由于在法律上不承认臣民的独立人格权，作为私法体系的民法很不发达，没有形成独立的法律部门。由于"无讼""厌讼"的法律意识的影响，所以诉讼程序制度相比较刑事法律也不发达，从而形成重实体轻程序的特点。

在司法体制上，中国传统法制一直实行的是司法和行政权合一，行政长官兼理司法职权的体制。无论是中央还是地方，行政长官都可以直接参与重大案件的审理，反映了行政权对司法权的全面干涉。皇帝拥有最高的司法审判权，地方专职司法官员的作用是辅助行政长官的司法审判。行政长官主持审判，他既是法官，也是起诉人，还是被告的辩护人。在这种体制下，司法机构实际上不过是行政机构的附庸，缺乏应有的独立性。这种司法体制也决定了中国古代社会行政命令和法律规范之间没有严格的界限。

在法律意识上，以儒家学说为基础的纲常礼教成为法律的基本价值取向。家族本位成为法律制度设计的出发点，体现等级特权的封建"八议""官当"以及家庭血缘亲情的"同居相为隐"制度成为法律的指导思想。礼制中"无讼"的观念使得中国调解制度非常发达。以家族利益为法律制度重点保护对象的传统法制，决定了中国古代法制对个人的权利和价值的轻视，法律意识中隐含着对民众主体权利的否认。

中国法律文化在长期的历史发展过程中，伴随着中华文明的对外传播而影响了东亚的日本、韩国，东南亚半岛的越南、老挝和泰国等地区，形成了中华法系。在 18 世纪中叶随着西方科技发展和资本主义生产方式的确立，中国的世界中心地位开始衰落。在西方列强的武力入侵和经济渗透情况下，中华法律文明的发展从自主性发展变为依附性发展。法律文明的发展被迫对西方法律文明的强烈冲击做出反应。

清末修律是近代西方法律文化对中华传统文明的冲击下，晚清政府应付国家和民族危机所采取的一个被动之举，也是中国法的现代化的开端。清末义和团运动失败以后，清政府被迫签订了《辛丑条约》，并于 1901 年下令变法，从而开启了中国法的现代化大门。清政府下诏："世有万古不易之常经，无一成罔变之治法。大抵法久则弊，法弊则变。""法令不更，痼习不破，欲求振作，须议更张。"在诏书中，清政府承认传统法制"习气太深……文法太密，庸俗之吏多，豪杰之士少"，只有"取外国之长，乃可补中国之短"。清政府在西方列强的要求下首先废除了刑法中规定的各种残酷刑罚，并下令"现在通商、交涉，事益繁多，着派沈家本、伍廷芳将一切现行律例，按照交涉情形，参酌各国法律，悉为拟议，务期中外通行，有裨治理"。1902 年沈家本、伍廷芳被清朝政府任命为修律大臣，在"参考古今，博稽中外"的思想指导下，着手全面修订现行法律和制定新法律。从清王朝最根本的法典《大清律例》修订开始，公布了《大清现行刑律》。在这部法律中废除了凌迟、枭首、戮尸、缘坐、刺配等残酷刑罚，参照西方刑罚制度确立了死刑、徒刑、拘留、罚金等制度，取消了吏、户、礼、兵、工、刑六部而分的六律总目,将旧律中婚姻、田宅、债务等纯粹民事性质的法律区分出来,不再处以刑罚处罚,以示民刑有别。在对旧的律法进行修订的同时,还根据现代西方法律制定了诉讼法、民法和商法,改变了传统中国法律诸法合体、民刑不分的体系结构。

（二）清末法制变革中"法理派"与"礼教派"之争

随着清末修律开启了法制现代化大门,在中国当时就产生了关于法制变革的"礼教派"和"法理派"之间激烈的斗争,它们分别代表着不同的法律思想。"礼教派"以维护宗法家族等级制度,进而维护整个封建制度为目的;"法理派"以维护人权,进而要求建立资本主义制度为目的。两派之争最初是围绕着《大清新刑律草案》开始的,但随着辩论的深入,逐渐涉及法的现代化的基础性认识。"法理派"代表人物杨度认为,中国传统法制的社会基础是家族主义。家族主义是一种以家庭为本位的国家制度,在这种社会制度中,对家族的犯罪,就是对国家的犯罪。国家因为保护家族存在和延续,从而保证了自身的存在。家族制度的特点就是严格规定家庭成员之间尊卑等级。刑事法律的指导思想也由此产生,缘坐制度确立的"一人犯罪,株连父母,连坐族长"强调的是家族对国家的责任。国家维护家庭等级制度的存在,也要求家庭承担维护国家秩序的稳定。因此,在法律上赋予了族长一定范围的司法权和立法权,从而在中国形成了家法和国法并存的格局。家族制度在中国长期实行的结果是,除了家长之外,其他家庭成员基本上没有独立的人格。在传统法制背景下,只存在国家和家庭、家庭和个人之间的权利和义务关系,国家和个人之间不产生直接的权利与义务的关系,需要借助家庭的中介作用。与家族主义不同,现代法制是以个人为本位的法律制度。在现代法律制度中,国家保证人民的生计,人民对外承担抵御外来入侵和对内遵守法律秩序的义务。个人直接与国家产生权利和义务关系,人民向国家承担法律义务,国家赋予人民各种基本人权。在这种法律制度下,每个成年人都有独立的人格权。对于当时学术界的关于国家形成的进化论观点,法理派也给出了合理的解释。法理派承认所有国家的产生和发展过程中,都经历了家族制发展阶段,也就是国家的政治和法律受家族主义支配的历史阶段。但是在随后的历史发展过程中，有的国家已经率先进入了国家主义阶段，而有些国家还停留在家族主义时期。中国就属于还停留在落后的家族主义阶段的国家。西方列强对中国的入侵已经严重威胁到中华民族的存亡，证明家族主义完全不适应现代社会的统治需要。为了挽救中华民族，必须进行法制改革，变家族主义为国家主义，实现法的现代化。近代西方列强对中国的入侵现实状况表明，民众对外来入侵并没有强烈的抵触。因为在家族主义政治法律体制下，中国社会大多数人并没有直接和国家有权利与义务的关系，因此对国家的兴亡没有不可推卸的责任。少数家长虽然对国家的兴亡负有责任，但是力不从心。作为家长，一方面要对国家效忠，要求尽到忠臣的义务，另外一方面又要承担慈父孝子的义务。国家义务和私人义务集于一身，使得家长难免做出贪污腐败的行为。儒家伦理道德要求和谐的社会要做到父慈子孝、兄友弟恭、夫唱妇随，但现实的制度造成的是慈父、孝子、恭弟太多，而忠臣义士太少。因而在外来入侵的情况下，无力抵抗以致丧权辱国。

对于法理派的"破家法立国法"的法制变革主张，礼教派极力反对的同时，也提出了自己的法制变革的观点。礼教派从人类社会发展过程中经历的三种不同的社会经济结构中，归纳出三种不同的法制形态。这三种社会经济结构是农桑、游牧和工商，在与之相适应的三种礼教政治体制下，形成了家法、军法和商法三种类型的法制形态。农桑经济条件下，人们生活在固定的地区，拥有固定的居所。男耕女织，在家长的安排下进行各种日常生产和生活，这就决定了农桑社会的礼教政治体制是从家法中产生出来的，君臣关系等同于父子关系。在这种法律制度中，人们亲其亲者，尊其尊者，社会秩序由此而形成。在游牧经济中，人们生活居无定所，逐水草而迁徙。恶劣的生活环境决定了为生存而征战是社会生活的一项基本内容。这种生活方式决定了礼教政体主要来自军法。君臣关系等同于军队中上下级关系，法律的内容简单而严厉。工商社会人们主要生活在城市中，人们的生活内容主要是各种商业交易，获利是商业活动的动力和唯一目的。商业活动的秩序要求人们遵守商业活动的习惯和规则，礼教也由此而产生。法律的内容体现为平等和有偿性。因此，法律的创制必须和社会风俗保持一致，否则就会流于形式。

礼教派不同意法理派以破家法而立国法的主张。他们认为中国人爱家而疏于爱国，其主要的原因不在于家族主义，而在于秦汉以后的专制主义。专制主义将一切国家事务都操纵在各级官吏手中，民众逐渐远离政务，久而久之民众就不知道爱国而只知道爱家。即使是现代化的西方社会，民众也不是不爱家庭，只不过东西方对于家庭的内涵理解不同。在西方家庭主要局限于夫妇组成的核心家庭，而中国家庭则是包括父母、兄弟、姊妹等成员的大家庭。西方现代社会民众深知家国一体的原理，所以在政治法律制度设计上，力求使民众知悉国家事务并尽可能地参与国家事务的管理，从而使人们深刻感知个人的命运和国家的休戚相关。因此，礼教派反对将破除家族主义作为法的现代化过程中必须变革的内容。

礼法之争所涉及的问题是中国混合型法的现代化道路发展过程持续存在的重大理论问题。在这个问题上，提出了一个所有发展中国家在法的现代化过程中都必须解决的问题，即对西方法律制度的学习如何同本国的本土文化资源有机地结合起来。1949 年新中国成立以后，宣布废除国民党政府时期的以"六法全书"为核心的法统，学习苏联社会主义法制。在新中国社会主义法制建设过程中，一部分学者对于清末以来乃至中国传统法律文明对于中国社会主义法制建设的意义，提出了"砖瓦碎片"论。这些学者认为传统法律文化还是可以作为社会主义法制建设的材料加以利用，而不能一味地学习苏联的经验，忽视本国的历史发展传统。这在法学界兴起了关于法的阶级性和继承性的长期讨论。传统法律文化是人类丰富的社会实践经验的产物，承载着人们生活的历史发展环境中形成的价值观念，长期影响着人们的思维方式和行为方式。法律与民族的历史是如此的密切相关，任何民族都不可能割断自己的历史而凭空创造出一个全新的法律制度，也不可能抛弃历代相承的民族精神而毫无保留地接受一个外来的法律制度。法律的文化属性要求任何民族的现代化都必须正视本民族的传统文化价值观念。

在中国的法制现代化过程中，已经建立了相对完整的法律规范体系并完善了司法诉讼体制。但是社会实践中，人们还是不愿意通过司法途径解决彼此之间的冲突和纠纷。立法者在制定法中确立的理想目标，由于各种社会政治、经济和文化的原因，总是不能使法律产生预期的效果。法的现代化过程中，制度和观念的二元冲突的格局一直困扰着法的现代化进程。

（三）混合型法的现代化特征

中国法的现代化道路，反映了混合型法的现代化的基本特征。首先，这种法的现代化国家历史比较悠久，具有一定的社会转型基础的新兴生产力和社会阶层，但是力量很薄弱，不足以完成自我转型的过程。其次，内在的传统法律文化和西方的法律文化存在着巨大的历史差异性，西方法律文明的冲击是混合型法的现代化的动因和催化剂。再次，传统文明历史悠久，不容易被外来文化轻易摧垮，传统文明在法的现代化过程中持续产生作用，因而在混合型法的现代化道路中经历的发展过程要比外发型法的现代化在时间上要长很多。最后，混合型法的现代化过程中，西方法律文明与东方的传统法律文明的冲突和融合，能够形成一些独特的法律制度和现代法律文化，从而丰富了世界法律文明的内容。

第六章　法律与人生幸福

第一节　追求幸福是公民的基本权利

幸福是一个美好的字眼，它意味着人的需要得到满足，意味着生活的无限美好，意味着人性的圆满实现。幸福自古以来就为人们所追求，但并不是任何人都能得到幸福。有人说，幸福的人大都相似，不幸的人各有各的不幸。所有人的幸福都有一个特征，即他们的需要和利益得到满足和实现；同样，不幸的人也有一个共同特征，即他们的需要和利益不能得到满足和实现。利益在法学中是以权利概念表示的，因而从法学角度看，一个人的幸与不幸取决于其权利能否得到保障。在应然上，每个人都有追求幸福的权利；在实然上，不是每个人都能享有追求幸福的权利。自近代以来，在宪法中确认公民追求幸福的基本权利的做法为越来越多的国家采用，迄今已经成为国际社会的通例。

一、公民幸福及其构成要素

孟德斯鸠曾说过："在各种名词中间，歧义丛生、以各种方式打动人心的，无过于自由一词。"自由诚然如此，幸福何尝不是这样！古往今来，人们都在追求幸福，然而人们对幸福的理解却不尽相同。有人认为幸福就是美德的实现，如亚里士多德说："最优良的善德就是幸福，幸福是善德的实现，也是善德的极致。"有人将幸福与功利联系在一起，功利是指任何客体的这么一种性质。由此，它倾向于给利益有关者带来实惠、好处、快乐、利益或幸福（所有这些在此含义相同），或者倾向于防止利益有关者遭受损害、痛苦、祸患或不幸（所有这些在此也含义相同）。也有人认为幸福就是奉献，如马克思说："历史承认那些为共同目标劳动因而自己变得高尚的人是伟大人物；经验赞美那些为大多数人带来幸福的人是最幸福的人……还有人认为，幸福是人的目的性自由实现时的一种主体生存状态，幸福是生活状况称心如意，幸福是感觉良好，幸福是对于美好生活的憧憬，等等。

　　的确，幸福就像博登海默所描述的"正义"一样，它"具有着一张普洛透斯似的脸，变幻无常、随时可呈不同形状，并具有极不相同的面貌。当我们仔细查看这张脸并试图解开隐藏其表面之后的秘密时，我们往往会深感迷惑"。不仅不同时代、不同国家、不同职业、不同个人对幸福的理解有所不同，而且衡量幸福的参数也存在差异。如封建时代的中国农民，其幸福是"三十亩地一头牛，老婆孩子热炕头"；当代西方国家的很多人则把"3S"（Sun，Sea，Sex）生活看做幸福的生活。在今天的生活中，幸福可能是朋友的一声问候，也可能是亲人的关切眼神；可能是孩子的天真笑脸，也可能是成年人忙碌的身影；可能是成功者的一阵欢呼，也可能是悲悯者的一滴泪珠；可能是渴了有水喝、饿了有饭吃、累了有家回，也可能是衣食无忧后的闲暇、自由、淡定。

　　当我们透过幸福的表象深入探究其本质时，展现在我们面前的是幸福与人的需要之间的内在联系。幸福源于人性的最基本因素即需要的满足，是人在其需要得到满足时产生的心满意足和精神愉悦的美好感受。在需要没有得到满足以前，人是没有幸福可言的。不同的人有不同的需要，其需要得到满足的情况也不同，因而不同的人有不同的幸福感。可见，人生的幸福与人的主观感受密切联系。但是，人生幸福不是纯粹的主观感受，而是外在因素的作用与人的主观感受的统一。费希特说："我们之外的事物同我们的意志（当然指我们的理性意志）相一致，或者叫做幸福。"不同时代不同社会、不同地位、不同职业中的人有不同的需要及其满足状况，因而幸福具有时代性、社会性、个体性等特征。从历史看，"从身份到契约"的社会运动使过去处于等级关系中的人成为自由、平等、独立的公民，也使追求幸福从少数人的特权转变为全体公民的人权。在现代国家，虽然不同的公民个体依然基于各自的需要追求各自的幸福，但是相同的基本需要、共同的时代背景、平等的法律地位使得所有公民的幸福具有一些共同的构成因素，存在一些共同的衡量标准。

厘定公民幸福的构成因素，确定公民幸福的衡量标准具有十分重要的意义。2001 年诺贝尔经济学奖获得者约瑟夫·斯蒂格利茨这样说："我们衡量的对象关系到我们的行为。如果我们使用一个错误的衡量标准，那我们就是在努力做错误的事情。在追求更高的 GDP 过程中，我们最终可能会使社会变成这个样子：大多数公民的生活状况恶化。此外，我们关心的不仅仅是我们目前的生活状况有多好，还包括我们未来的生活状况如何。"按照国际通用测量法，幸福的指标包括生存状况生活质量、心理调适、人际关系和未来预期等。在这里，我们将这些指标具体化，将公民幸福的要件归结为物质生活富足、生命财产安全、思想行为自由、个人人格尊严、社会待遇公平、婚姻家庭和谐等方面。这些因素为公民幸福所必需，缺乏其中一个因素，就会陷入苦难的深渊。

第一，物质生活富足。维持生命的存在导致人对物质资料的需要，这种需要的满足既是生命延续的必要前提，也是公民幸福的必要条件。恩格斯说："追求幸福的欲望只有极微小的一部分可以靠观念上的权利来满足，绝大部分却要靠物质的手段来实现……"这种"物质的手段"不能停留在仅仅维持生命存在的水平上，而必须是在满足生存需要之后有节余，能够满足发展需要以及应对疾病、灾害之需要。简言之，物质生活必须是富足的。幸福经济学显示，真正的贫困绝对不是幸福；现实生活表明，贫贱夫妻百事哀。唯有物质生活富足，才能保障公民从其物质层面的各种需求得到充分的满足中获得幸福。当然，富足不等于富豪，富豪可能导致财富之累。亚里士多德早就告诉我们："真正的幸福生活是免于烦累的善德善行"，"所谓免于烦累，是说一个人具有足够的生活资料，既无物质困乏之虞，亦无财富之累；又身体健康而无疾病之累"。

第二，生命财产安全。维持生命的存在不仅导致人对物质资料的需要，而且导致人对安全的需要，"从最低限度来讲，人类福利要求有足够的秩序以确保诸如粮食生产、住房以及孩子扶养等基本需要得到满足；这一要求是在一种具有合理程度的一般安全的、和平的和有序的基础上加以实现的，而不是在不断的动乱和冲突状况下加以实现的"。生命财产安全是公民生命存续的必要前提，也是公民幸福的必要条件。如果一个公民的生命和财产安全得不到保障，那么幸福对他而言就是空谈。

第三，思想行为自由。自由是人的固有属性，"不自由对人说来就是一种真正的致命的危险"；自由也是公民幸福不可或缺的条件，"幸福是以自由为前提的，自由虽然还不构成幸福，但却是幸福的必要条件"。公民只有能够自由地思想和行动，他才能够自主地选择自己的生活方式并不断改善自己的生活条件。就是说，一个人只有在充分享有自由时，他的独立尊严和幸福才能实现。相反，"一旦对个人自由加以阻碍和压制、侵犯乃致剥夺，便构成了人类的不幸和苦难的根源"。自由是如此之重要，因而有人高呼"不自由，毋宁死"，有人吟唱"生命诚可贵，爱情价更高，若为自由故，二者皆可抛"。人类热爱自由、歌颂自由、向往自由、追求自由，因为那是幸福的源泉，那是生命的礼赞!

第四，个人人格尊严。人格尊严是指人作为人所具有的资格和属性不可侵犯、不可侮辱，这种资格和属性包括生命、健康、姓名、肖像、名誉、荣誉、隐私等，它是一个人具有最起码社会地位、受到他人与社会最起码尊重的反映。人格尊严与公民幸福相辅相成，"尊严感是幸福感的基础，它是在一定物质基础上产生的人格操守；幸福感是尊严感的动态表现，它是特定情景中人的主观感受"。当一个公民忠实地履行自己的社会职责时，他就会获得精神上的满足；如果为此而得到社会的肯定和他人的称道，那么他心中就会产生一种幸福感。人格尊严是公民幸福的精神要件，没有人格尊严的幸福是虚假和残缺的。

第五，社会待遇公平。社会待遇公平是影响公民幸福的重要因素，对公平的感受是公民获得幸福的心理基础。保障公民幸福既要求扩大财富的源泉，也要求实现劳动成果社会财富的公平分配。对于一个人来说，"最大的不幸福，恰恰就是无论你怎样辛勤坚韧怎样奋力打拼，都得不到应有的回报，换不来安居乐业，换不来衣食无忧，换不来体面与尊严"。如果社会不公平，规则、机会或者分配向一部分人倾斜，那么另一部分人就会因感受到不公平待遇而心理失衡，影响他们的幸福感。一个国家之所以要致力于建立公平、正义的制度环境，就是为了保障每一个公民追求幸福的权利，让每一个公民的辛劳都有收获，付出都有回报。

第六，婚姻家庭和谐。婚姻是人生的驿站，家庭是生活的港湾，婚姻家庭生活虽然不是人生活的全部内容，却是健全人生的重要内容，它不仅关系到一个人事业的顺利与成功，也关系到一个人的幸福与快乐。婚姻家庭和谐能使人身心愉悦、情感慰藉，带给人无比的幸福，是公民幸福不可缺少的条件。婚姻家庭不和谐、精神依恋无寄托、天伦之乐不存在，幸福也就无从谈起。因此，在生活中，人们往往将婚姻不美满、家庭不和谐与不幸连在一起。

二、追求幸福是公民的基本权利

"幸福不应只是一种抽象的概念，或神秘的心理体验，幸福也是一种权利。在一个公民权利得不到保障，而且普遍被权力和他人侵犯的城市中，幸福的现实基础必然是脆弱不堪的。"幸福不仅是公民的权利，而且是公民的基本权利。在宪法中确认公民追求幸福的基本权利，是人性的基本要求，是法律文明的集中体现。

我们已经指出，幸福是人的需要得到满足时获得的一种心满意足和精神愉悦的美好感受。人的需要是人性中最基本要素，它在内表现为欲望，在外表现为利益。正如有学者所指出的，利益"一般是指人们为了满足生存和发展而产生的各种需要"，"是社会主体的需要在一定条件下的具体转化形式"。需要和利益的这种关系使得幸福与利益唇齿相依，离开利益谈论人生幸福是虚妄的。霍尔巴赫说："所谓利益，就是每个人根据自己的性情和思想使自身的幸福观与之联系的东西；换句话说，利益其实就是我们每一个人认为对自己的幸福必要的东西。"这样，人性、需要利益、幸福就构成了一个链条关系：需要是人性中的基本要素，利益是需要的具体转化形式，幸福与利益勾连在一起；人的需要推动人们追求利益的活动——正所谓"天下熙熙皆为利来，天下攘攘皆为利往"；人们对利益的追求在一定程度上说就是对幸福的追求。在法律中，利益主要是以权利的方式存在，因而从法学维度思考需要、利益、幸福的链条关系，可以得出这样的结论：追求幸福是公民的一项基本权利——所谓基本权利，是指与生俱来的，不可剥夺、不可转让的权利。

追求幸福是公民的一项基本权利，这一观点早在近代欧洲就为众多思想家所主张。欧洲中世纪是"黑暗的一千年"，王权和神权的双重压迫将人们置于苦难的深渊。残酷的现实启示人们：要获得幸福，就要突破封建专制的桎梏，摆脱基督教的精神束缚，开创属于自己的自由而真实的天空。这种思想理念随着资本主义生产方式的产生和发展而不断强化，终于导致了文艺复兴运动的爆发。在这场运动中，人文主义者宣称："我自己是凡人，我只要求凡人的幸福。"他们反对教会的禁欲主义、封建桎梏以及专制人治，提倡个性自由、个人现世幸福以及民主法治。沿着人文主义者开辟的道路前进，启蒙思想家们"用人的眼光来观察国家了，他们从理性和经验出发，而不是从神学出发来阐明国家的自然规律"，他们从现实的人性而不是从虚幻的神性出发对人权进行分析和论证，形成了以财产权、自由权、平等权安全权等为基本内容，以权力制约和法治为保障方式的"天赋人权"理论。虽然启蒙思想家们对"天赋人权"的具体阐述有所不同，但都表达了这样的思想：人生来就具有自由权、平等权、财产权、生命权和追求幸福的权利，这些权利是不可剥夺的为了保障这些权利，人们订立契约建立国家、成立政府；政府是人们通过社会契约让渡权利的产物，政府权力行使必须以为公民谋幸福为根本目的；为了防止政府权力背离这一目的，必须实行分权和法治。

追求幸福是公民的基本权利，不仅为近代以来的思想家们所主张，而且为近代以来的宪法所确认。最早对公民追求幸福权利作出明确规定的，是作为美国宪法前身的《独立宣言》，该宣言宣告："人人生而平等，他们都从他们的'造物主'那边被赋予了某些不可转让的权利，其中包括生命权、自由权和追求幸福的权利。为了保障这些权利，所以才在人们中间成立政府。"这一精神被美国宪法所继承，宪法序言开宗明义，指出其制定目的是谋求公民幸福"为了建立更完善的联邦，树立正义，保障国内安宁，提供共同防务，促进公共福利，并使我们自己和后代得到自由的幸福，特制定这一美利坚合众国宪法。"随后，作为法国宪法前身的《人权宣言》宣布："组成国民议会的法国人民的代表们，认为不知人权、忽视人权或蔑视人权是公众不幸和政府腐败的唯一原因，所以决定把自然的、不可剥夺的和神圣的人权阐明于庄严的宣言之中……以便公民们今后以简单而无可争辩的原则为根据的那些要求能经常针对着宪法与全体幸福之维护。"自该宣言成为法国第一部宪法的序言以后，保障公民幸福权利的原则和精神至今为法国宪法所遵循。

美国和法国开启了人类通过制定宪法、建设宪政保障公民幸福之先河。此后，这一做法被众多国家效仿。综观现代各国法律，大多以三种方式体现其保障公民幸福的目的。①在宪法中明确规定公民有追求幸福的权利。除了上面提到的美国、法国外，还有一些国家采取了这种方式。如日本《宪法》第13条规定："一切国民都作为个人受到尊重。对于国民谋求生存、自由以及幸福的权利，只要不违反公共福祉，在立法及其他国政上都必须予以最大的尊重。"朝鲜《宪法》规定"朝鲜民主主义人民共和国是继承了在反对帝国主义侵略，争取祖国光复和人民自由幸福的光荣革命斗争中形成的光辉传统的革命国家"（第2条）；"朝鲜民主主义人民共和国建立的自立民族经济，是人民社会主义生活幸福和祖国繁荣富强的牢固基础"（第26条）；"国家切实保障所有公民享有真正的民主权利和自由以及幸福的物质文化生活"（第64条）。②不直接明确规定公民追求幸福的权利，而是通过对公民的政治、经济、文化、社会等方面权利的规定体现对这一权利的确认。为了保障和实现公民追求幸福的权利，各国不仅在宪法中确认生命权、自由权、平等权、财产权等基本人权，而且将宪法的原则和精神转化为普通法律的具体规定，使对公民权利的保障更具有可操作性。③建立主权在民、权力制约、民主等制度，为公权力运作划定空间，防止公权力侵害私权利而影响公民幸福。

第二节 公民幸福是现代法律的根本价值

博登海默说:"任何值得被称之为法律制度的制度,必须关注某些超越特定社会结构和经济结构相对性的基本价值。"没有价值基础的支撑,法律就如同没有灵魂的躯壳没有根蒂的浮萍。法律价值具有时代性、多样性。在现代,法律价值包括公平、正义、平等、自由、幸福、和谐、利益、效益等。在这些价值中,幸福具有根本性。从表层上看,制定法律的目的在于实现公平正义,保障平等自由,维护社会和谐有序,促进公共利益,推动社会发展;从深层上说,制定法律的目的在于实现公民幸福,在于使最大多数公民获得最大幸福。现代法律对公平正义的维护、对平等自由的保障、对和谐社会的构建、对公共利益的促进、对社会发展的推动,归根到底是为了保障公民幸福。一句话,公民幸福是现代法律的精神内核,是现代法律的终极价值。

一、公民幸福法律化及其根据

幸福是人类永恒的追求,人类对幸福的追求表达了"人类个别地或在集团社会中谋求得到满足的一种欲望或要求",因此"在调整人与人之间的关系和安排人类行为时,必须考虑到这种欲望或要求"。法律作为"调整人与人之间的关系和安排人类行为"的社会规范,必然考虑人们对幸福的追求和向往,必然将人对幸福的愿望和要求纳入其中。事实上,法律不是从来就有的,也不是上帝创造出来的,它是人类基于生存和发展需要、基于谋求幸福生活的目的而创制出来的。就是说,法律一开始就与人类幸福联系在一起。所不同的是,古代法律与少数人的幸福相联系,而近现代法律与公民幸福相结合——公民幸福的主体是处于平等自由地位的每一个国民。公民幸福法律化,是历史发展和公民幸福的必然要求,也是法律优良的根本标志。

早在古代西方,思想家们就将幸福与法律联系在一起,他们对法律的推崇建立在这样一种信念的基础上:人类的本性是追求一种幸福快乐的生活,但幸福快乐的生活有赖于法律保障，法律的目的就在于使人们生活得幸福快乐。如德谟克里特认为，每一个人都追求幸福生活，但真正幸福快乐的生活只有"通过享乐的节制和生活的协调"才能得到；法律是节制人们的行乐和协调社会生活的重要手段，"法律的目的是使人们生活得好"。亚里士多德指出，符合理性的生活就是最好的和最愉快的，这种生活也是最幸福的；法律是人类理性的体现，按照法律生活是获得幸福的根本保障；"优良的立法家们对于任何城邦或种族或社会所当为之操心的真正目的必须是大家共同的优良生活以及由此而获得的幸福"。西塞罗强调："创造法律是为了公民的安全、国家的长久以及人们生活的安宁和幸福。"连神学家阿奎那也在神学外衣的遮蔽下讨论了幸福对法律的价值意义，认为人类不能离开规则而生活，但是美好幸福的生活在很大程度上取决于规则的本身；法律的正当性在于它谋求公共幸福，法律"不外乎是对于种种有关公共幸福的事项的合理安排，由任何负责有管理之责的人予以公布"。

但是，古代思想家们没有将幸福理念及于所有人，古代社会也不可能制定以公民幸福为目的的法律。一方面，这个时候还缺乏完整的"人"的观念。古希腊的奴隶制度不仅将奴隶排斥在自由民之外，甚至排除在"人"之外，把奴隶仅仅当做"会说话的工具"；中世纪的封建专制制度把人民变成受特权政治摆布的工具，宗教神学使人成为上帝的奴仆。另一方面，这个时候的思想家所主张的幸福仅仅居于道德的层面，由于时代和阶级的局限，他们没有也不可能提出追求幸福是公民的一项基本权利的思想。正如恩格斯所反诘的："在古代的奴隶和奴隶主之间，在中世纪的农奴和领主之间，难道谈得上有追求幸福的平等权利吗？被压迫阶级追求幸福的欲望不是被冷酷无情地'依法'变成了统治阶级的这种欲望的牺牲品吗？"

随着近代市场经济的崛起，自由平等的观念逐渐兴起并日益深入人心。有学者写道，近代市场经济的兴起，"直接产生三个方面的平等要求：商品投资和生产的自由和平等、劳动力'买'和'卖'的自由和平等以及商品交换关系上的自由和平等。它不可遏止的发展势头必然要冲破经济和社会领域内阻碍其发展的特权和等级分割……在国家和整个资本主义体系范围内树立自由和平等的权利观"。对这种要求作出反应，资产阶级思想家开始将幸福理念及于每一个人，他们提出了以追求幸福权利为核心的"天赋人权"理论。在"天赋人权"理论的指导下，资产阶级"把摆脱封建桎梏和通过消除封建不平等来确立权利平等的要求提上日程"。在革命胜利后，资产阶级在宪法中明确规定保障公民幸福是其制定宪法和法律的目的，并以公民幸福为价值指南设计一系列法律制度，如人民主权制度、权利义务制度、权力制约制度、选举制度等。在现代社会，公民幸福与法律的密切关系受到世界各国的高度重视，公民幸福法律化成为世界各国的立法通例。

将公民幸福与法律结合起来，实现公民幸福法律化，其次取决于现代法律的基本特征。其一，现代法律是一种明确的、具体的行为规范，它通过权利规范和义务规范设定人们的行为模式，使人们知道什么行为可以为、什么行为不得为、什么行为必须为，因而具有极强的可操作性。其二，现代法律是普遍的社会规范，它不是针对某个人某件事而创立的，而是针对一类人、一类事而创立的，坚持同类事情同样处理、同类行为同样对待的原则，因而具有平等性。其三，现代法律具有连续性，它在相当长的时间内保持稳定，不会轻易随着领导人的改变而改变，更不会轻易随着领导人的看法和注意力的改变而改变；即使发生一些修改与废止，仍比其他规范稳定与可靠。其四，现代法律是现代社会规范中唯一以国家强制力为后盾的社会规范，被纳入国家权力系统依照强制程序加以推行，因而具有极强的规范性。将公民幸福与法律结合起来，实现公民幸福法律化，有助于依靠国家权威来保障公民对幸福的追求。相对于道德意义上的公民追求幸福的权利，法律意义上的公民追求幸福的权利具有更强的可操作性和现实性，因而更有利于为公民所实际享有和行使。

二、法律对公民幸福的确认和保障

在人类追求幸福的历史上，公民幸福与法律的结合具有里程碑意义。从此以后，"迷信、非正义、特权和压迫，必将为永恒的真理，为永恒的正义，为基于自然的平等和不可剥夺的人权所取代"，人们对幸福的追求从少数人的特权转化为全体公民的普遍权利，从纯粹的道德理念转化为平等的法律权利，每一个人在无害于他人的前提下追求自己幸福的行为，都将因具有合法性而获得国家强制力的保障。现代法律是公民幸福的有力保障，当然，这种保障具有特殊性，这种特殊性表现为它不直接为公民提供幸福，而是以公民幸福为目的设计并实施良好制度，从而为公民幸福创造条件。

（一）将公民对幸福的追求转化为法律权利

美国法学家麦考密克说过："赋予权利规则的本质特征的，就是这些规则将保护或增进个人利益或财产作为其具体目标。"将公民对幸福的追求转化为法律权利，是法律保障公民幸福的前提和基础，它使公民对幸福的追求具有不可侵犯的性质，既为公民追求幸福提供法律保障，也为国家机关救济被侵害的权利提供法律依据。"当然，对于幸福，每个人有每个人的理解，所以……在不侵犯他人乃至自己的基本人权（对于自己的生命权每个人也有不可侵犯的责任，如不可自杀）的前提下，每个人都可根据自己的理解，通过自己的行为方式，追求着各自的幸福与自由等目标。"

将公民对幸福的追求转化为法律权利，主要以两种方式进行：一是直接的方式，即宪法和法律对公民享有追求幸福的权利作出明确规定；二是间接方式，即宪法和法律将与公民幸福有关的利益规定为公民权利。由于与公民幸福有关的利益具有多样性，因而宪法和法律规定的公民权利具有广泛性，一般由三个方面构成：①个人生活方面的权利，如人身权、人格权、婚姻自由权、亲权、配偶权等；②经济社会生活方面的权利，如安全权、劳动权、社会保障权、环境权、受教育权等；③政治生活方面的权利，如平等权、选举与被选举权、监督权、知情权、诉愿权等。在这些权利中，财产权、安全权、自由权、平等权具有优位性。

法律在规定公民权利的同时，也规定公民义务，以防止公民之间因追求各自的幸福而发生矛盾和纠纷，防止公民滥用追求幸福的权利而侵害他人幸福。这样，法律通过设定权利和义务，既有效地记录下得到承认和保障的利益，又忠实地记录下遭受拒绝和排斥的利益，以及各种利益所获得承认的限度，为实现最大多数人的幸福提供保障。需要强调的是，法律对权利和义务的规定，在结构上必须坚持对应原则，使权利和义务统一起来，将马克思的

"没有无义务的权利，也没有无权利的义务"的思想转化为法律的具体规定，但在价值取向上必须坚持权利本位原则。所谓权利本位，指的是这样一些法律特征："第一，社会成员皆为法律上平等的权利主体……第二，在权利和义务的关系上，权利是目的，义务是手段，法律设定义务的目的在于保障权利的实现；权利是第一性的因素，义务是第二性的因素，权利是义务存在的依据和意义。第三，在法律没有明确禁止或强制的情况下，可以作出权利推定……第四，权利主体在行使其权利的过程中，只受法律所规定的限制……也就是说，法律的力量仅限于禁止每一个人损害别人的权利，而不能禁止他行使自己的权利。"

（二）确保政府权力围绕公民幸福而运行

政府权力规制对于保障和实现公民幸福具有极为重要的意义。一方面，政府权力是必需的，"没有政府，只有很少一部分人有望继续生存，而且只能生活在一种可能的贫困状态中"；另一方面，"政府也会带来权力的不平等，并且那些拥有极多权力的人会利用这种权力来满足他们自己的欲望，而这些欲望是与一般人的欲望截然对立的"。再者，不受限制的政府权力是世界上最肆无忌惮的力量之一，而且滥用权力的风险始终存在；而权力滥用必然侵害公民权利，进而危及公民幸福。奥地利思想家路德维希·冯·米瑟斯精辟地指出："国家只是一个抽象的概念，在国家这一概念的名义下，是一群活生生的人在操纵着国家机器，处理政府事务。一切国家行为都是人的行为，人为的弊端给人造成了痛苦。维护社会的这一目标使国家机关的行为具有合法性，但由此带来的弊端并不因其合法性而不能称其为弊端，深受其害的人最能感受到弊端的存在。"保障和实现公民幸福是国家和政府的责任和义务，政府权力的行使必须以实现和增进公民幸福为目的。

遏制政府权力的消极效应，发挥政府权力的积极功能，就要对政府权力进行法律的控制。洛克早就指出："政府所有的一切权力，既然只是为社会谋幸福，因而不应该是专断的和凭一时高兴的，而是应该根据既定的和公布的法律来行使；这样一方面使人民可以知道他们的责任并在法律范围内得到安全和保障，另一方面，也使统治者被限制在适当的范围之内，不致为他们所拥有的权力所诱惑，以达到上述目的。"法律通过构建人民主权制度，将政府权力置于人民的掌控中，保证公民幸福的价值法则在向政治法则和程序法则转化的过程中不出偏差；法律通过规定政府权力行使的原则、方式与程序，并将这些规定贯彻到实际中，使政府权力"既是受到制约的又是能动进取的——也就是说，既能积极促进社会福利，与此同时，又不陷入仅仅在其组织得最好的公民之间分配利益的专制之中"，从而使政府权力沿着有利于公民幸福的轨道运行。

（三）预防和打击损害他人幸福的违法犯罪行为

违法犯罪既是对社会秩序的破坏，也是对他人幸福的侵害，因而预防和制裁违法犯罪行为就成为法治保障公民幸福的题中之义。边沁写道："一切法律所具有或通常应具有的一般目的，是增长社会幸福的总和，因而首先要尽可能排斥每一种减损这种幸福的动荡，亦即排斥损害。"一方面，法律是肯定的、明确的、普遍的规范，它通过设定行为模式和法律后果为人们追求幸福提供行为指引，防止人们因追求自己的行为而实施违法犯罪行为。另一方面，法律是以国家强制力为后盾的社会规范，具有国家制裁性。汉密尔顿强调："对于法律观念来说，主要是必须附有制裁手段；换言之，不守法要处以刑罚或惩罚，如果不守法而不受处罚，貌似法律的决议或命令事实上只不过是劝告或建议而已。"对损害他人幸福的违法犯罪行为给予法律制裁，既具有教育作用，也具有补偿功能。前者表现为使当事人和其他人懂得一个人在追求自己幸福的同时不得损害他人幸福；后者表现为使受害者被侵害的权利恢复到被侵害前的水平，也使受害者因得到补偿而恢复心理秩序、实现心理平衡，避免受害者因其权利受到侵害得不到补偿而失去幸福感。

（四）对弱势群体追求幸福的权利给予特殊保障

在法治理念上，人人生而平等，"每个社会成员仅仅因为他是社会成员之一，就有权不仅享受其他社会成员所提供的个人生活所需，而且有权享受'每一个人都想得到而实际上确实对人类福利有益的'一切好处和机会"。然而，有权享有机会并不等于实际享有机会。在现实生活中，不同的人因性别、智力、体力的不同而在谋取生活资料的能力方面存在差别，市场经济中优胜劣汰机制的作用使得这种差别凸显，甚至形成了强势群体和弱势群体的分野。虽然强势群体也有其烦恼和痛苦，但弱势群体的幸福和尊严更值得关注和重视。法治运用差别原则对现实中的不合理差异进行矫正，对弱势群体追求幸福的权利给予特殊保障，是公平正义的体现，也是社会和谐的要求。这方面的立法包括对个人所得的超额累进税制、残疾人保障法、失业保障法、未成年人保护法、妇女权益保护法等。